语法知识和运用

兰宾汉　王欣彦　著

商务印书馆国际有限公司
中国·北京

图书在版编目(CIP)数据

语法知识和运用 / 兰宾汉，王欣彦著. -- 北京 ：商务印书馆国际有限公司，2020.12(2025.7 重印)

ISBN 978-7-5176-0765-6

Ⅰ. ①语… Ⅱ. ①兰…②王… Ⅲ. ①汉语－语法－研究 Ⅳ. ①H14

中国版本图书馆 CIP 数据核字(2020)第 251895 号

YUFA ZHISHI HE YUNYONG

语法知识和运用

著　　者	兰宾汉　王欣彦
出版发行	商务印书馆国际有限公司
地　　址	北京市朝阳区吉庆里 14 号楼 佳汇国际中心 A 座 12 层
邮　　编	100020
电　　话	010－65592876(编校部) 010－65598498(市场营销部)
网　　址	www.cpi1993.com
印　　刷	三河市紫恒印装有限公司
开　　本	787mm×1092mm　1/32
字　　数	229 千字
印　　张	11
版　　次	2025 年 7 月第 1 版第 10 次印刷
书　　号	ISBN 978-7-5176-0765-6
定　　价	38.00 元

前　言

语言是人类须臾不可离开的最重要的交际工具和思维工具。现代社会，人与人之间的交往日益频繁，人们有很多信息要传达给别人，也希望从别处获得更多新的知识。在大多数情况下，这种信息的交流和学习活动都要凭借语言来进行，包括书面语的运用。虽然现代科技给人们提供了手机、电视、广播、互联网等传播信息的工具和途径，但是没有哪一种能够完全代替或脱离语言而起作用。正如吕叔湘先生所说：“语言，也就是说话，好像是极其稀松平常的事儿。可是仔细想想，实在是一件了不起的大事。”（《语文常谈》）语言水平的高低，直接影响着人们工作、学习、生活的效率和状况。语言运用能力对每个社会成员都是至关重要的。

语法是语言的要素之一，是语言的结构规则。语言结构与语言意义之间有着密切而复杂的关系。例如，“不吃饱”与“吃不饱”，用词相同而语序不同。前者是偏正关系，表示主观上不想吃饱；后者是中补关系，表示想吃饱却无法做到。又如，“她的衣服做得好”，同一个结构关系，可以表示不同的含义，究竟是指她身上穿的衣服好，还是指她做衣服的手艺好，这不光涉及语言结构问题，还涉及深层的语义关系问题。再如，“好容易来了”与“好不容易来了”，两种截然相反的方式表达了同一个意思。这说明语法现象是非常复杂的。

传统语法非常重视语言结构的分析。20 世纪 80 年代以来，汉语语法学有了突飞猛进的发展，在传统语法研究的基础上，三个平面的语法理论逐渐成为我国语言学界的一个热门话题。这一理论认为，句法分析是句子分析的基础，然而句法分析是不自足的，还必须进行语义的和语用的分析，做到形式与意义的结合、动态与静态的结合、描写性与实用性的结合。语法研究比以往更重视对语义关系、语义指向、语义特征、话题、预设等的分析。例如，结构分析基础上的语义指向分析，重在揭示句法成分的语义与句法结构之间的关系。“我喝醉了酒”，补语“醉”的语义指向主语“我”，表示“我”醉了。“我喝干了酒”，补语“干”的语义指向宾语，表示“酒”干了。“我喝完了酒”有歧义，是因为补语“完”的语义指向不确定，既可以指向谓语中心语“喝”，表示喝的动作完结了（即不喝了），也可以指向宾语，表示“酒”没有了。如果只进行结构分析，揭示出主谓关系、述宾关系、述补关系等结构方式，得出的结果是三个语例的结构方式完全相同，这显然是不够的，因为句法成分之间的语义关系不清楚，句子所表述的内容就难以准确把握，造成歧义的原因也就不能得到有效的说明。

学习语法就是为了理性地认识语言的结构规律，用其指导语言实践，做到正确地用词造句，纠正语病，把语言表达得准确规范。很难想象一个连句子都说不通顺的人，能把确切的意思生动形象地传达给别人。在日常生活工作中，因语法错误而影响交际，甚至引起严重后果的事情，不乏其例。人们对语言的深入理解和运用的能力不是天生的，必须通过后天的学习才能获得，而基于理性层面的学习，则尤为重要。

本书力求系统科学地对现代汉语语法知识进行介绍，并及时反映学科的创新与发展，对相关知识有重点地加以阐释。同时，本书注重“实用”的特点，将理论与实践结合，加大对易混问题的辨析和正反用例的比较。书面语是口语之外最重要的语言形式，语言中的语音停顿、情感变化、特殊含义等，在很大程度上要依赖标点符号来表现。语法结构及其变化，更与标点符号的运用密切关联。因此，书中加入了标点知识的介绍。本书注重用例的规范性与涵盖性。用例多选自近几十年出版的文学作品及报刊，也有一些选自我国著名作家早期的白话文著作；同时，选取用例时兼顾小说、散文、政论及政府重要文件等不同文体的语言特点，也吸收了一些网络中新兴的表达方式。本书用例来源范围较广，部分用例选用时略有改动，其中带有“*”号的例句意指该句为不合语法或表述有误的句子，特此说明。希望本书能够将读者的语法学习逐步引向深入，对提高读者的语言分析能力和运用能力有所帮助。

由于我们水平有限，本书难免有不足之处，恳切期望广大读者批评指正。

作者

目　录

第一章　概说

一、什么是语法

语言是人类最重要的交际和思维的工具。语言具有三大要素：语音、词汇、语法。语音是由人的发音器官发出的具有一定意义的声音，是语言的物质外壳，是意义的载体；词汇是所有词的总汇，是语言的建筑材料；语法是语言用词造句规则的总和，是语言的结构方式。语法“赋予语言一种有条理、有含义的性质”。例如，“幸福生活”与“生活幸福”这两个短语都由同样的词构成，但排列次序不同，意义不同。“冬天”“非常”“寒冷”三个词可以有多种排列方式：

①冬天非常寒冷

②冬天寒冷非常

③非常冬天寒冷

④非常寒冷冬天

⑤寒冷非常冬天

⑥寒冷冬天非常

以上六种排列方式中，只有第一种“冬天非常寒冷”是意义明确的，其他五种或不可理解，或别扭不顺。这就是说，语言只有词汇这种建筑材料是远远不够的，必须把词按照一定的规则组织起来，才能构成语言的大厦。

“语法”这一术语具有两个含义。一是指语法规律本身，任何一种语言都有自己的语法规律，这种规律是客观存在的。二是指语法学或语法书。语法学是研究语法结构规律的科学，是人们对客观存在的语法规律的描写说明，其目的就是科学地揭示出语法结构的规律，用以指导人们的语言实践。语法书是用来记载语法研究成果的，所以也属于语法学的范围。因为语法规律是客观存在的，所以对每种语言来说都是唯一的，但是由于研究视角和研究方法存在差异，所持观点和搜集的材料也会不同，语言学家对同一种语法规律的认识往往有同有异，甚至出现很大的分歧。在不同意见的争论中，人们会越来越接近真理，使语法学的描写与说明更科学、更正确、更深入地反映客观存在的语法规律。对语法学习者来说，将注意力更多地集中在对语法现象的分析和语法规律的掌握上，学习才更有成效一些。

二、语法的性质

（一）抽象性

语法是语言的结构规则。语言中语素、词、短语和句子数量庞大，但语法规则有限，人们可以用有限的语法规则和有限的词汇说出无限多的句子来。语法规则是对无限数量的语言事实的概括，具有高度抽象的特征。例如，“天晴”“花美”“我看”这些短语的用词和意思各不相同，但都可以概括出“主谓”关系的结构类型，表示被陈述与陈述的关系。

语法的抽象性是任何一种语言都存在的特征。它使语言中复杂繁多的语法单位形成不同的组合关系，并由此构成关系简练、功能强大的结构网络。同时，语法规则的抽象性使学习者能够以简驭繁，只需掌握有限的结构规则，便能从容地驾驭复杂的语言，满足表达的需要。

（二）稳固性

语言是不断发展的，其中词汇的发展变化最为活跃，随着社会的发展，新词不断产生，旧词不断消亡。语音也会发生较大变化。同词汇和语音相比，语法变化是缓慢的，相对比较稳定。汉语语法的稳固性体现在其基本特点很少发生变化，如从古到今，语序一直是汉语重要的语法手段，词类与句子成分之间没有严格的对应关系，等等。语法的变化，无论是新规则的产生，还是旧规则的消亡，都要经过一个漫长的历史时期。例如，“把”字句是现代汉语中使用最普遍的句式之一，其产生发展的过程至少可以追溯到唐宋时期。古代汉语中的判断句由名词或名词性短语作谓语，如“陈涉，阳城人也”。现代汉语中的判断句一般要用判断词“是”，但古代汉语的用法并未完全消亡，如“鲁迅，浙江人”。当然，语法的稳固性并不意味着一成不变，如果做古今的历时比较，有些语法规则的变化还是比较明显的。我们既要认识到语法的稳固性，同时也应注意汉语语法古今的差异。

（三）系统性

组合关系和聚合关系是语法规律中最基本的两种关系。

不同的组合关系，决定了句法结构的类型，有主谓结构、述宾结构、偏正结构、联合结构、中补结构等。例如，“空气很清新”中，“空气”跟“很清新”先构成主谓关系，“很”跟“清新”再构成偏正关系。从中可以抽象出一个格式“主+谓（偏正）”。这种词语跟词语发生的横向结构关系是“组合关系”。语素、词、短语、句子等语法单位之间互相联系，处于一定的组合关系之中。

不同的聚合关系，决定了语法单位的功能类型，如名词、动词、形容词等。“空气很清新”与“天空非常晴朗”“景色十分优美”具有相同的组合关系，其中的“空气”“天空”“景色”位置相同，“很”“非常”“十分”位置相同，“清新”“晴朗”“优美”位置相同。能在某一位置上相互替换的、语法功能相同的词语，相互之间是“聚合关系”，可以归为一类。这种关系体现了语法严整有序的系统性。

（四）民族性

语言有自然属性，也有社会属性，而社会属性是语言的本质属性。每种语言在语音、词汇、语法上都有其显著的民族特点，民族性是语言社会属性的集中表现。印欧语系的语言依靠丰富的形态变化来体现词的句法功能，例如：

I have a new book.（我有本新书。）

My book is new.（我的书是新的。）

He gave this book to me.（他把书给了我。）

上述例句中，“我”分别作了主语、定语和宾语，英语中用I、my与me来表示。汉语没有英语那样的形态变化，词在句子里充当什么成分，主要依靠语序和虚词来表示，“关心妈妈”和“妈妈关心”，语序不同，其语法结构也发生了变化，前者是述宾结构，后者是主谓结构，表意也完全不同。汉语和藏语同属汉藏语系，同样看重语序，汉语的习惯语序是述语在前，宾语在后，藏语则习惯上把宾语放在动词前面，比如汉语说“我不认识你”，藏语的表达顺序则为“我你不认识”。学习语法应注意语言的民族特征。

三、汉语语法的突出特点

汉语语法的特点是在与其他语言的比较中归纳出来的，作为比较对象的语言主要是印欧语。汉语语法的特点主要表现在语序、虚词、量词、词类、构造规则等五个方面。

（一）语序对语法结构和语法意义的表达有重要作用

汉语没有印欧语那样的形态变化，语法结构和语法意义更多地依赖语序来表达。同样的词语，语序排列不同，结构和表意往往大相径庭，如“不怕辣”“辣不怕”“怕不辣”。有的语序变化以后意思不通，如可以说“我买书”，但“书买我”则不成话。

汉语语法单位的常规排列是主语在前，谓语在后；述语在前，宾语在后；定语、状语在前，中心语在后；补语在中心语之后。一般来说，在任何语言里，语序都不可忽视，但与汉语相比，印欧语的语序要灵活、自由得多，特别是一些形态变化比较复杂的语言，例如俄语，因为有主格、宾格、属格等形态，其语法意义很少因语序的变动而改变。当然，汉语语序比较固定，并不是说一点儿不能变动，有时为了表达的需要，句法成分的顺序也可以做适当的调整，如“我要写下我的悔恨和悲哀，为子君，为自己”中，“为子君，为自己”是状语后置。语序的变动是语用的需要，在于强调后置成分。

（二）虚词是表示语法关系的重要手段

汉语的虚词十分丰富，用虚词表示词语之间的语法关系，是汉语语法的另一个重要特点。词语之间用不用虚词，用什么样的虚词，语法关系和语义会大不一样。例如，“爸爸妈妈”是联合关系，语义指两个人；加上虚词“的”，“爸爸的妈妈”成了偏正关系，语义是奶奶。又如，“哭得伤心”是中补结构，去掉虚词“得”，“哭伤心”则不成话。汉语的虚词包括助词、连词、介词、语气词四类。

第一类是助词。助词是附着在词、短语或句子上面，表示某种语法关系或附加意义的词。助词中有些是表示结构关系的，如“的”“地”“得”；有些是表示动态的，如“了”“着”“过”。助词的运用也会对语义产生很大的影响：“北京大学”与“北京的大学”都是偏正结构，但语义不同，“北京大学”是一个专有名词，而“北京的大学”是指所有位于北京的大学；“到了西安”是现在完成的动态，“到过西安”是过去经历的动态。

第二类是连词。连词是用来连接两个或两个以上的句法成分、表示成分之间种种语法关系的词，如“和、跟、同、与、不但、而且、因为、所以”等。不同的连词也常常对语义关系造成不同的影响，如“他去，因为我不去”与“他去，但是我不去”，这两个句子用了不同的连词，前后分句的逻辑关系就变得不同了。

第三类是介词。介词是用来引出与动作有关的语义成分的词。我们常用“在”“从”“自”来引出时间或处所，如“在上海工作”；用“用”“以”“凭”“按”引出工具或方式，如“用木桶盛水”；用“把”“将”“对”引出对象，如“把水喝了”；用“被”“让”引出施事，如“被蜜蜂蜇了”。

第四类是语气词。语气词是用在句子末尾表示种种语气的词，如表示陈述语气的“的”“了”，表示疑问语气的“吗”“呢”，表示祈使语气的“吧”，表示感叹语气的“啊”。

印欧语也有虚词，但远不及汉语的虚词多。

（三）量词十分丰富

量词的丰富多样是汉语特别是现代汉语语法的又一重要特点。计算事物的多少，数词一般不直接修饰名词，要先与量词组合成数量短语，然后再修饰名词，如“一个人”“两件衣服”等。汉语的量词有漫长的发展历史，在殷商至汉代的上古汉语中就有一些量词产生了，中古汉语中量词逐渐多起来，到近代汉语中，量词已经相当丰富了。现代汉语中的量词不但数量多，而且用法灵活，既有传统的量词，如“个”“件”“只”“条”等，又可以随时借用动词、名词作量词，如“一抹夕阳”“一湖秋水”“一身正气”等，表达形象生动。在现代汉语中，数量短语描述人或物时，大多数情况下是用在名词前作定语，描述动作行为时，一般是用在动词后作补语。

（四）词类具有多功能性

印欧语的词类与句法成分之间对应得比较整齐：名词作主语、宾语，动词作谓语，形容词作定语，副词作状语；动词、形容词不能直接出现于主语与宾语的位置上，只有通过构词或句法手段，将其转化为名词性成分之后，才可以作主宾语。以英语为例，read（读）是动词，一般只能作谓语，如果要作主宾语，就要变成不定式 to read，或变成分词 reading。但是汉语并不是这样，汉语的某一类词往往可以作多种句子成分，而词形和性质不会发生变化。也就是说，汉语的词类具有多功能性。

例如，汉语的名词可以作主语。在“衣服很好看”中“衣服”是主语，在“买衣服”中“衣服”是宾语，同时“衣服”还可以作定语，如“衣服的颜色”。不少名词还可以作谓语，如“今天晴天”“明天春节”，名词“晴天”“春节”都是谓语。

汉语的动词、形容词经常作谓语，如“他笑了”“这里清静”。它们也可以作主语和宾语，如在“笑比哭好”中动词“笑”作主语，在“小女孩喜欢笑”中动词“笑”作宾语；又如在“清静是这里的特点”中形容词“清静”作主语，在“我爱清静”中形容词“清静”作宾语。动词、形容词还可以作定语、状语，如在“旅游团体”“清静的环境”中，“旅游”“清静”分别作定语；又如在“认真阅读”中“认真”作状语。总之，汉语的词类与句子成分之间不存在一一对应的关系。

需要注意的是，不管是动词、形容词作主语、宾语，或者名词作谓语，其词性并没有发生改变。过去一些研究者认为，汉语的动词、形容词出现于主语或宾语的位置上时，已经转变为名词，形容词作谓语时就转化为动词，这是一种没有充分考察汉语语法特点而一味地模仿印欧语语法的解释。实际上，不管是名词作定语、谓语，还是动词、形容词作主语、宾语，这几类词中的绝大多数成员都具有上述功能，如果认为作了不同的句法成分就发生了词性的转变，那必然得出汉语“词无定类”的错误结论。

（五）不同语法单位的构造规则基本一致

在汉语中，无论是语素组成词，词组成短语，或者词、短语组成句子，其基本的结构形式都是主谓、述宾、中补、偏正、联合等。例如，由语素构成的合成词“地震”“霜降”“年轻”，由词构成的短语“天气晴朗”“身体健康”“鲜花盛开”，由词或短语构成的句子“天黑了。你去不去？谁也别去！”以上合成词、短语和句子属于不同的语法单位，但都是主谓结构。

因为各级语法单位的构造规则基本一致，这使我们能比较容易地掌握各级语法单位的结构类型。短语的结构分析既可以说明单句的结构规则，又能充分反映出结构类型的多样性。短语的结构和功能讲清楚了，句子的结构也就基本上清楚了，所以短语的结构分析在汉语语法分析中具有重要意义。

第二章　词类

一、划分词类的标准

语法里所讲的词类是指词的语法分类，分类的目的在于说明词的用法和语句的结构。词可以按照不同的标准加以分类，比如按照构词语素的多少，分为单纯词和合成词；按照构词音节的多少，分为单音节词和多音节词；按照词所包含的词义的多少，分为单义词和多义词；按照词义之间的关系，分为同义词和反义词；等等。对词进行语法分类，主要是依据词的语法功能和概括意义。

（一）语法功能

语法功能是划分词类最主要的标准，它包括两个方面：一是能不能单独充当句子成分及充当什么成分；二是词的组合能力。根据能不能单独充当句子成分，可以把词分为实词和虚词两大类。以“学校”为例，在组成句子时可以说“学校开学了”“学校的环境很优美”“我们去学校”，在这些句子中，“学校”分别充当句子的主语、定语、宾语，所以是实词，其他像“工人”“真诚”“休息”“已经”等词也都是实词。有些词不能单独作句子成分，如“的”“吗”“吧”“与”“而且”

等，这一类词是虚词。

根据能充当哪一类句子成分，可以对实词做进一步的分类，如副词在句子中作状语，名词经常在句子中作主语、宾语、定语等。

词的组合能力往往体现了不同词类的语法特点。例如，副词经常修饰动词和形容词，一般不修饰名词，可以说“刚来”，但不能说“刚桌子”“刚操场”。又如，数词与量词经常组合，很少与名词直接组合，可以说“一件衣服”，但不能说“一衣服”。再如，介词可以与名词组合，但一般不与动词和形容词组合。可以看出，词的组合能力也是划分词类的重要标准。

（二）概括意义

词的概括意义不是指某个词的具体含义，而是指某一类词共同反映出来的普遍的含义。例如，“学生、爸爸、科学家、教室、天空、熊猫、品质、原则”等词，尽管词汇意义各不相同，但词义的共同特征是表示人或事物的名称，这一类词称为名词。又如，“前进、想念、出现、发展、生长”等词，都表示动作、行为、发展、变化等意义，这一类词称为动词。语法学上给某一类词下定义时，正是用的概括意义。

除了上述两条标准，也有人提出，将形态变化作为汉语词类划分的标准之一。印欧语的语法意义主要靠词的形态变化来表示，但汉语的形态变化很少，正如吕叔湘先生所说的：“比起西方语言来，汉语的语法分析引起意见分歧的地方特别多，为什么？根本原因是汉语缺少严格意义的形态变化。”（《汉语语法分析问题》）汉语中只有小部分词有形态标志：以前缀“可”开头的词多为形容词，如“可惜、可爱、可恨、可悲、可怜、可笑、可耻、可怕”等；以后缀“子、儿、头、家、者、手、性、员”等结尾的词是名词，如“桌子、柜子、帽子、裤子、石头、木头、砖头、斧头”等；以后缀“化”结尾的词是动词，如“美化、绿化、丑化、恶化、现代化、信息化、国际化、全球化”等。但是，这样的词只是一小部分，汉语中的大多数词没有这类形态标志。

汉语的形态变化也很少：一部分动词、形容词有重叠形式，但重叠后意思会有所改变，如动词“看”“商量”可以重叠为“看看”“商量商量”，重叠以后表示尝试和短暂的意义，形容词“高”“漂亮”可以重叠为“高高”“漂漂亮亮”，重叠以后程度加深；指人的名词后可以加“们”表示不定量的复数，但并不是强制性的，而且前面有数量词时就不能加了；等等。可以说，词的形态变化对汉语词类的划分有一些帮助，但缺乏普遍性，所以只能是一种辅助标准。

根据以上标准，首先可以将词划分为实词和虚词两大类。实词是意义比较实在，可以单独充当句子成分的词。虚词是意义比较虚泛，不能单独充当句子成分的词。实词与虚词还可以细分为若干小类：实词包括名词、动词、形容词、区别词、副词、数词、量词、代词、拟声词、叹词等十类；虚词包括介词、连词、助词、语气词等四类。

实词中的名词、数词、量词等经常作主语、宾语、定语，所以又称为体词，实词中的动词、形容词经常作谓语或谓语中心语，所以又称为谓词。谓词只能有条件地作主语、宾语。

二、实　词

（一）名词

名词是表示人或事物名称的词。

1. 名词的分类

（1）表示人的：农民、战士、作家、同志、妇女、鲁迅、姐姐、队长、饲养员

（2）表示事物的：国家、集体、文艺、课本、桌子、哲学、友谊、政治

（3）表示时间的：明天、春天、去年、星期三、刚才、从前、将来

（4）表示处所的：中国、西安、黄河、亚洲、操场、剧院、教室

（5）表示方位的：上、下、前、后、内、外、南、北、中、前头、后面、里边、之外、中间、左右、上下

2. 名词的语法特点

（1）常作主语、宾语，如“鲜花盛开”“看电影”等。名词也可以修饰名词作定语，如“玻璃窗户”“学校的操场”等。

（2）能受数量短语的修饰，如“一个人”“一头牛”“三本书”“两种思想”等。

（3）一般不受副词修饰，如不能说“已经学校”“马上椅子”“非常电话”。在一些特殊用法中，名词受副词修饰，如成对连说

的形式“不前不后”“不人不鬼”等，表示数量、时间、处所的“只三个人”“才两点钟”“最底层”等，这都属于特例。

（4）大多能与介词组成介词短语，如“在教室上课”中的“在教室”、“从北京来”中的“从北京”，都是介词短语。

（5）一般不重叠使用，如不能说“报纸报纸”“草原草原”“课本课本”。有少量名词能重叠使用，如“人人”“家家”“天天”等，表示每人、每家、每天的意思。

3．几种比较特殊的名词

（1）时间名词

时间名词除了常作主语、宾语、定语以外，还可以作状语，如“明天来”“晚上看电影”“过去不认识”。

（2）方位名词

方位名词的组成比较复杂，主要包括单纯方位名词和合成方位名词两类。

单纯方位名词是由一个语素构成，如“上、下、内、外、左、右、中、南、北”等。

合成方位名词一般是由两个语素构成。有的是在单纯方位名词的前面或后面加上“以、之、头、边、面”等语素，如“以前、之后、上头、里头、前边、上面”等；有的是将两个表示方位的语素正反对举，如“上下、左右、前后、内外”等；有的是由两个相关语素构成的，如“东方、西北、当中、中间、背后、当前、对面、底下”等。

方位名词的语法功能主要是附加在别的词语之后，构成方位短语表示处所，如“家里”“桌子底下”“会议室外面”

等；有时也可以表时间、年龄，如“三天以前”“五十岁左右”等。方位名词也可以单独作主语、定语、状语等多种句法成分，如“后面是条大河”“当前的问题”“背后捣鬼”等。

（二）动词

动词是表示动作、行为、发展、变化等的词。

1．动词的分类

（1）表示动作、行为的：吃、笑、跑、读、商量、宣传、学习

（2）表示存在、发展、变化的：有、在、发展、成长、消失、出现

（3）表示心理活动的：爱、恨、怕、喜欢、喜爱、佩服、担心、想念

（4）表示使令的：使、令、命令、派、让、请

（5）表示能愿的：能、能够、可以、愿意、会、应该、应当、敢

（6）表示趋向的：来、去、上、下、进、出、进来、过去、下来、出去

（7）表示判断的：是、叫、等丁、为

2．动词的语法特点

（1）主要作谓语或谓语中心语，如“朋友来了”“我们经常游泳”等。

（2）能受副词修饰，如“马上过来”“赶快学习”“不走”

等。但除了表示心理活动的动词和部分能愿动词以外，一般不受程度副词的修饰，可以说“非常喜欢”“很应该”，但不能说“很休息”“非常学习”。

（3）大多数动词可以带宾语。能带宾语的动词称为及物动词，如“看书”“买水果”“想念亲人”“有道理”等。不能带宾语的动词称为不及物动词，如“咳嗽、休息、游行、前进、恋爱、闭幕”等。

（4）大多数动词后边可以带上动态助词“了”“着”“过”。“了”表示动作行为已经完成，如“吃了饭”；“着”表示动作行为正在进行，如“吃着饭”；“过”表示动作行为已经成为过去，是经历过的，如“见过他”。

（5）许多动词可以重叠使用，如“看看”“听一听”“讨论讨论”“锻炼锻炼”等。单音节动词的重叠形式是“VV”和“V 一 V”，双音节动词的重叠形式是“ABAB”。动词重叠以后表示动量的减少，具有随意、轻松的语用效果。

3. 几种比较特殊的动词

（1）能愿动词

能愿动词是用在动词、形容词前表示可能、意愿、必要等的动词，又称为助动词。表示可能的如“能、会、可、能够、可能、可以”等，表示意愿的如“愿、愿意、敢、要、肯”等，表示必要的如“要、应、该、应该、应当”等。

能愿动词有普通动词的功能，作谓语或谓语中心语，如“可以吗？”“不可以。”但能愿动词与一般动词最大的不同之处在于它的主要语法功能是用在动词、形容词前作状语，如

“能够学会”“应该客气些”等。能愿动词一般不重叠使用，后边也不跟动态助词“着”“过”。

（2）趋向动词

趋向动词是表示动作行为方向的动词，包括单纯趋向动词和复合趋向动词。单纯趋向动词有“上、下、来、去、进、出、回、过、开、起”等，复合趋向动词有“出来、出去、进来、进去、上来、下去、回来、回去、起来、过去”等。

趋向动词具有一般动词的特点，可以作谓语或谓语中心语，如“你过来”“我们都下去吧”。不同的是趋向动词经常跟在动词、形容词后作补语，如“汽车开过来”“他从大堤上走下去”。有的趋向动词作补语时可以表示动作的开始或继续，如“山朗润起来了，水涨起来了，太阳的脸红起来了”。句子带宾语时，作补语的复合趋向动词往往要一分为二，分别放在宾语的前后，如“大家高兴地跳起秧歌来”，句中带有宾语“秧歌”，补语“起来”分别放在宾语的前后，形成两个补语。（可参看第四章“补语与中心语”的相关内容。）

（3）判断动词

“是”属于使用频率很高的判断动词，用于判断时可以表示多种语义：表示存在，如“大楼前面是花园”；表示同一关系，如“弟弟是张明”；表示从属关系，如“小丽是大学生”；表示特征，如“这小姑娘是黄头发”。

“是”除了动词用法以外，还有形容词和副词用法，如“你说的是”中的“是”表示“好、正确”的意思，属于形容词作谓语；又如“我是来过这里”“孩子是长大了”两句中的“是”表示“的确、确实”的意思，是副词作状语。

在表示判断时，应注意“是”的词性分辨。例如：

①小明是体操运动员。

②小明是喜欢体操。

③小明是学游泳的。

④小明是会练好的。

确定上述四例中“是”的词性，可以从下列四个方面考虑：

第一，“是”后有没有名词性成分充当判断的内容。例①的“体操运动员”是名词性短语作宾语，“是”是动词。例②的“喜欢体操”是动词性短语，“是”表达肯定语气，是副词。

第二，去掉“是”以后会不会改变句子的基本意思。例③去掉“是”以后句子不通，“是”是动词作述语。例④的“是”去掉以后不影响基本表意，说明后面不是宾语，所以“是”是副词作状语，表示肯定。作状语的“是”一般要重读。

第三，如果“是”与句末的“的”搭配使用，看“的”后能不能补出名词性中心语。例③可以补出“人”“学生”等名词性成分，说明“是”后是“的”字短语作宾语，“是”是动词。例④的“的”后不能补出名词性成分，“是”不是动词。

第四，用否定形式加以鉴别。在否定式中，“不”如果能加在“是”前，“是”为动词；“不”只能加在“是”后，“是”为副词。因此，例③的“是”是动词，例④的“是”是副词。

（4）心理动词

心理动词是表示心理活动的动词。它的突出特点是能受程度副词的修饰，如“很喜欢”“最佩服”“非常担心”等。心理动词与一般动词的不同点是它经常带谓词性宾语，如“喜欢游泳”“讨厌说假话”等，而且带宾语时可以受程度副词的修饰，如“非常喜欢游泳”“很讨厌说假话”等。这一点与形容词不同，形容词可以受程度副词的修饰，但不能带宾语。

（三）形容词

形容词是表示性质状态的词。

1. 形容词的分类

（1）性质形容词

性质形容词能够受程度副词的修饰，如“好、坏、美、丑、高、低、甜、聪明、伟大、优秀、渺小”等。

（2）状态形容词

状态形容词是由性质形容词加上表示附加意义的语素构成，不能受“很”的修饰，使用时后面一般要加“的”，如“火红、冰冷、雪白、漆黑、火热、碧绿、血红、红彤彤、亮晶晶、黑乎乎、黑压压、静悄悄、热烘烘、湿淋淋、黑咕隆咚、怪模怪样”等。

（3）不定数量形容词

不定数量形容词都是表示数量的，有的可以受“很”修饰，有的不能，使用时可以不加“的”直接修饰名词性成分，如“多、少、许多、好多、好些”等。

2. 形容词的语法特点

（1）形容词经常作谓语、谓语中心语和定语，如“鲜花漂亮”“鲜花非常漂亮”“漂亮的鲜花”。有的形容词可以作状语和补语，如“迅速前进”“走得快”。

（2）大部分形容词可以受程度副词的修饰，如“很好”“十分美丽”“非常激动”。不受程度副词修饰的有状态形容词，如“火红、漆黑、冰冷、冷冰冰、绿油油、甜丝丝”；形容词的重叠形式也不受程度副词的修饰，因为这些形式本身已经增添了程度加深的语义，如果再受程度副词的修饰，就会形成意义的重复。

（3）大部分形容词可以重叠使用。单音节形容词的重叠形式是AA（儿）式，如“轻”→“轻轻”、“慢”→“慢慢”等。双音节形容词的重叠形式是AABB式，如“清楚”→“清清楚楚”、“大方”→“大大方方”等。部分状态形容词的重叠形式是ABAB式，如“鲜红”→“鲜红鲜红”、“雪白”→“雪白雪白”等。形容词重叠以后增强了描写的效果，表示程度加深，所以也不再受程度副词的修饰。

（4）形容词不能带宾语。有些形容词兼有动词的语法功能，如“红花”是偏正关系，“红”是形容词，但“红了脸”是述宾关系，“红”是动词；又如“端正地坐着”是偏正关系，“端正”是形容词，而“端正态度”是述宾关系，“端正”是动词。“红”“端正”带宾语以后，已经是动词了，所以不再受程度副词的修饰。心理动词与形容词都可以受程度副词的修饰，但前者可以带宾语，后者不能，据此可以将二者区分开来。

（四）区别词

区别词是表示事物属性并具有事物分类作用的词，如“男、女、正、副、单、双、大型、中型、慢性、万能、野生、人造、中式、西式、高速、初级、阴性、军用、有限、无限、私营、半自动、全天候”等。

1. 区别词的语法特点

（1）只能作定语，不能作主语、谓语、宾语，如“副班长”“女同志”“野生动物”“微型汽车”“高速公路”等。可以说“大号球衣”“初级英语”“野生动物”，但不能说“球衣大号”“英语初级”“动物野生”。

（2）表示否定时前面可以加“非”，一般不加“不”，如“非人造”“非野生”“非军用”等。

（3）一般可以带“的”，组成“的”字短语，如“女的”“正的”“西式的”“有限的”等。

2. 区别词的辨析

（1）区别词与形容词的辨析

区别词与形容词的共同点是都可以作定语，而且所表示的意义有时也比较接近，因此有人曾将区别词归入形容词，称为“非谓形容词”，即不能作谓语的形容词。但这两类词也有明显的差别，分列为两类词，是有充足的理由的。

形容词主要作谓语、谓语中心语，也可以作状语、补语；区别词没有这种功能，它主要作定语。充当谓语及谓语中心语是形容词最突出的特点，区别词恰恰不能作谓语，所以不能归为一类。

形容词可以受程度副词修饰，如“很高大”“很正确”；区别词不能受程度副词修饰，不能说“很高速”“很大型”。

表示否定时，形容词前可以加“不”，如“不缓慢”“不迅速”；区别词前只能加“非”，如“非慢性”“非野生”。

（2）区别词与名词的辨析

这两类词在意义上有相近的地方，在用法上都可以作定语，如“金、银、男、女、雌、雄、中式、彩色”等是区别词，但看起来有些像名词，所以应该注意区分。

名词可以作主语、宾语，但区别词一般不作主语、宾语，变成“的”字短语以后才可以，如“男的是工程师，女的是教师”“人参是上等的”“蘑菇是野生的”。有些区别词有兼类现象，如“沉默是金”“家里有三男两女”，这里的“金”“男”“女”是名词用法。

另外，区别词表示否定时前面加“非”，名词则不能。

从意义上看，名词表示人或事物的名称，区别词表示人或事物的属性与类别。

（五）副词

副词是修饰动词、形容词，表示程度、范围、时间等意义的词。

1. 副词的分类

（1）表示程度的：很、最、太、更、挺、非常、十分、格外、更加、极其、分外、越发、尤其、比较、稍、稍微、略微

（2）表示范围的：都、共、总、净、总共、统统、一概、一律、一共、一齐、仅、仅仅、就、光、单、单单

（3）表示时间的：已、已经、刚、刚刚、曾、曾经、立

即、将、将要、在、正在、才、就、就要、常、常常、往往、马上、顿时、从来、永远、一向、一直、终于、老、老是、暂且、始终

（4）表示肯定、否定的：必须、必然、必定、一定、准、不、没、没有、别、未、莫、不必

（5）表示重复的：再、又、一再、再三、重新、屡次、反复、不断

（6）表示情状的：亲自、互相、大力、大肆、猛然、忽然、陆续、悄悄、赶紧、公然、匆匆、暗暗

（7）表示语气的：难道、难怪、也许、究竟、幸亏、莫非、简直、竟然、居然、到底、偏偏、反正、果然、恰恰、未免、何尝、却、就、明明、只好

2. 副词的语法特点

（1）副词都能作状语，少数副词可以作补语，如“马上过来”“赶快说”“大家都是年轻人”。作补语的主要有“很”“极”“透”“透顶”等，如“好得很”“漂亮极了”。

副词有时也可以修饰名词性成分作状语，但有一定的条件限制。一是范围副词限制人或物的数量，常用“才、就、仅、只、将近、刚好”等，如“报名的才三个人”“家里就一个老太太”“身上仅三块钱”；另一种情况是程度副词“最”修饰处所名词，如“生活在最底层”“走在最前面”；还有一种情况是时间副词修饰数量短语，表明时间的长短，如“才两天时间”“已经半年了”。

（2）副词大多数不能单说。个别副词能单说，可用于单

独回答问题，如“不”“没有”“当然”“也许”“刚好”等少数副词。例如：

①“你去吗？”“不！”

②“你会说英语吧？”“当然。”

（3）有一部分副词能起关联作用，如“她说得又快又好”“你不去也不行”“只有付出劳动才会有收获”，其中的“又”“不”“也”“才”都是起连接作用的副词。副词可以单独起连接作用，也可以与连词搭配使用，但不管哪种情况，副词的词性并没有改变，也就是说，连词只起连接作用，而有些副词在起连接作用时，还具有修饰作用，在句中作状语。

副词与名词、动词、形容词相比，数量少得多，但其意义和用法却比较复杂。以副词“就”的用法为例：

①你先走，我就来。（“就”表示事情即将发生）

②他去年就毕业了。（“就”表示事情已成过去）

③你不让我去，我就去。（“就”表示语气）

④家里就我一个人。（“就”表示范围）

“没有”在否定动作行为或性状时是副词，如“他没有来”“天没有黑”；在否定人或事物时是动词，如“家里没有人”“没有任何理由”。

“白”“光”“净”“老”“好”等词既有副词用法，又有形容词用法，如“白”在“白纸一张”中是形容词，在“白跑一趟”中是副词；又如“光”在“玻璃很光”中是形容词，在“光说不干”中是副词，在“地下室里没有一点光”中是名词。

（六）数词

数词是表示数目和次序的词。

1. 数词的分类

数词可分为基数词和序数词两类。

（1）基数词

基数词是表示数目多少的词，如“一、二、三、五、九、十、百、千、万、亿”等。

基数词可以组成表示倍数、分数、概数的短语。

倍数，由基数词加“倍”组成，如“三倍”“五倍”。

分数，由“X 分之 Y”的固定格式表示，如“五分之三”；也经常用“成”“折”表示，如“三折”表示十分之三，“九成”表示十分之九。

概数，表示大概的数字，也有一些常用的格式：有的用“几”“两”表示，如“过几天再来”“说两句话就走”；有的用基数词加“成”“近”“约”“上”等表示，如“近百个”“成千人”“约三十岁”；有的用基数词加“来”“几”“多”“左右”“上下”等表示，如“十来个”“二十多”“一百左右”；有的用相邻相近数字的连用表示，如“两三个”“三五天”“七八十辆”。

（2）序数词

序数词是表示次序的词。序数词的构成一般是在基数词前加“第”“老”“初”等，如“第一”“老三”“初五”。有时也用基数的形式表示序数，如“三中学生”“家住五楼”，其中的“三”“五”是序数。

2. 数词的语法特点

（1）数词偶尔可以单独充当句法成分，但更普遍的是与量词组成数量短语，整体充当一个句法成分。数词单独充当句法成分主要有以下情况：一是古汉语用法的保留，特别是在四字格中，如“一筹莫展”“一针一线”“三心二意”“七上八下”“三大战役”“四大发明”等；二是表示大的数目时，通常不用量词，如“十万大军”“铁骑八千”“十四亿人民”等。

数量短语主要作定语、补语，如“两本书”“看三遍”。也可以作主语、宾语、状语，如“一天是二十四小时”中，“一天”是主语，“二十四小时”是宾语；又如“一眼就认出了他”中，“一眼”是状语。

（2）数词的增减有一定的表达格式。

表示数目增加的，可以有以下几种说法：

第一，用“增长（了）”“增加（了）”“提高（了）”。这种用法通常只强调净增数，不包括底数。例如，由200增长到600，可以说“增长了400”或“增长（了）两倍”，不能说“增长（了）三倍”。我们经常会遇到增数误用的例子，如产量由3000吨提高到9000吨，说提高了三倍。这种说法不对。因为提高的6000吨与底数3000吨相比较，前者是后者的两倍。

第二，用“增长到”“增加到”“提高到”。这种用法通常强调增加后的总数，包括底数。例如，由2000增长到6000，可以说“增长到三倍”或“提高到三倍”，但不能说“增加到两倍”或“增长到两倍”。上面提到的产量由3000吨提高到9000吨，可以说提高到原来的三倍。

表示数目的减少，可以有以下几种说法：

第一，用“减少（了）”“降低（了）”“下降（了）”。这种用法通常只强调减少的数字，即减少以后的数字与原数的差额。例如，由6000减少到2000，可以说“减少了4000”或“减少了三分之二”，不能说“减少了两倍”。我们经常会遇到下面的说法，比如一件商品由原价5000元降到1000元，就说是降了四倍。这种说法错误。因为减掉的钱数是与原价相比较的，对原价而言，减少一倍，价钱为零，减少四倍就成负数了，难道买东西不花钱，还要商店倒贴顾客钱吗？因而，减少的4000元与原价5000元相比较，是“减少了五分之四”或“减少了百分之八十”。

第二，用“减少到”“下降到”“降低到”，强调减少以后剩余的数字。例如，从6000变为2000，可以说“减少到2000”或“减少到三分之一”，不能说“减少了两倍”。倍数只能用来表示数目的增加，不能表示数目的减少。

分数既可以表示数目的增加，也可以表示数目的减少。例如，由2000变为6000，可以说“增加了百分之二百”，由6000变为2000，可以说“减少了三分之二”。

此外，我们经常会接触到商品价格变动的信息，如“打三折”“三折优惠”等，其含义是以原价的30%销售，即100元的商品以30元销售。需要注意的是，汉语的“打三折”，英语通常说“70% off”或“70% discount”，这里70%是减掉的数字。这是汉语与英语表达方式的差异。

（七）量词

量词是表示计算单位的词，又称为单位词。

1．量词的分类

量词可以从两个方面加以分类。从是否专用上，可以分为专用量词和借用量词两类；从单位的性质上，可以分为物量词、动量词和复合量词三类。

（1）物量词

物量词是用来表示人或事物单位的词，可以分为专用物量词和借用物量词两类。专用物量词如：

a．表示度量衡单位的：丈、尺、寸、米、斗、升、斤、两、吨、亩、元、角、分

b．表示个体单位的：个、位、根、块、只、片、本、辆、句、篇、章、枝、头、口

c．表示集体单位的：双、对、班、伙、批

d．表示不定量的：些、点

借用物量词是指临时借用名词、动词等充当的物量词，如“两腿泥”“一身正气”“两桌酒席”“一屋子人”“一捧糖果”“两捆柴火”“一抹夕阳”。临时借用的量词，如果脱离数量结构，单独出现，就不再是量词了。

（2）动量词

动量词是表示动作行为单位的词，可以分为专用动量词和借用动量词两类。专用动量词如“次、回、趟、阵、遍、下”等。借用动量词可以分为以下四类：

a．工具量词：打一枪、挨一棍、砍两刀、抽几鞭

b．器官量词：踢一脚、打两拳、看一眼、喊一嗓子

c．时间量词：住一晚、歇两天、跑一天、读五分钟

d．伴随量词：唱一曲、喊两声、转一圈、摸一摸

(3) 复合量词

复合量词是表示复合单位的量词，由两个或两个以上的量词一起构成，如“秒米”“人次”“架次”“吨公里”“秒立方米”等。还有三个量词一起使用的，如“出动飞机舰艇300余架艘次”中的“架艘次”、“车船50辆艘次”中的“辆艘次”。

2. 量词的语法特点

(1) 量词主要与数词、指示代词组成量词短语，充当多种句法成分，如“三件衣服”(定语)、“一把拉开”(状语)、“走一遭”(补语)、“两个不多”(主语)、“吃了三碗”(宾语)、“这个最好”(主语)、“不认识那位”(宾语)。有时量词与数词之间还可以加形容词，表示对量的评价，如“一长条、三大捆、两小盅、八大碗、一短截”。

(2) 部分单音节量词可以重叠使用，作主语、定语，表示“每一”或“全部”的意思，如“家家点火，户户冒烟”“件件衣服漂亮”“个个身体健康”等；作谓语，表示事物很多，如“鲜花朵朵”“歌声阵阵”等；作状语表示方式，如“节节败退”“步步紧逼”“代代相传”等。如果数词是“一”，则“一”可以省略，如“看场电影”“买本书”等。如果数词不是“一”，则不能省略，如“买三本书”不能说成“买本书”。

(八) 代词

代词是具有代替和指示作用的词。

1. 代词的分类

按照作用的不同，代词可以分为人称代词、疑问代词、指示代词三类。

（1）人称代词

人称代词是代替人或事物名称的词。可分四类：

a. 表示第一人称：我、我们、咱、咱们

b. 表示第二人称：你、你们、您

c. 表示第三人称：他、他们、她、她们、它、它们

d. 表示特殊人称：自己、自个儿、彼此、人家、别人、大家、大伙儿

人称代词传统的分类是三分法，即指说话人一方的第一人称代词、指听话人一方的第二人称代词、指听说双方以外的第三方的第三人称代词。但是以上三种并不能将另一些常用的代词囊括进来，这些代词有的表示某一人称本身，没有固定的人称对象，如“自己”“自个儿”，人们称之为“反身代词”；有的表示有关系的双方，如“彼此”；有的表示对话以外的人，如“人家”“别人”；有的指一定范围内所有的人，如“大家”“大伙儿”。以上代词都宜归入特殊人称代词。

（2）指示代词

指示代词是对人或物起代替和区别作用的词。最主要的是“这”和“那”，“这”为近指，“那”为远指。“这”和“那”又可以与其他成分构成多种指示代词，如表示时间的“这会儿”“那会儿”，表示处所的“这儿”“那儿”“这里”“那里”，表示程度、性状的“这么”“那么”“这样”“那样”。

“各、每、某、另、本、另外、一切、其余、其他”等也属于指示代词。这些代词在代替和指示的对象和范围上各有不同，但一般都可以作定语，有的还可以作主语、宾语。

（3）疑问代词

疑问代词是对人或情况表示疑问的词。有问人或物的，如“谁”“什么”“哪”；有问时间的，如“哪会儿”“多会儿”“几时”；有问处所的，如“哪里”“哪儿”；有问程度的，如“多”“多么”；有问方式的，如“怎样”“怎么”；等等。

2．代词的语法特点

（1）代词可以代替各类实词，语法功能与所代替的词类相似，如“我不认识你”中，“我”和“你”代替人，语法功能相当于名词，作主语和宾语；又如“小红去哪里？”中，“哪里”代替处所名词，作宾语；再如“你的身体怎么样？”中，“怎么样”表示性质、状态，相当于形容词，作谓语。

作为词类系统中一个比较特殊的类别，代词是依据其广泛的代替性这一语法功能划分出来的。

（2）代词一般不受别的词类修饰。在书面语中有时会出现“取得了巨大成功的他”或“初为人母的我”等说法，这是比较特殊的表达方式，也只出现于人称代词的使用中。

（3）代词的指称具有灵活性。指称对象的变化可以获得特定的语用效果，这主要包括两种情况：

第一种情况是人称代词的指称对象会发生变化。

人称代词的指称对象有包括式和排除式之分。在对话中，“我们”既可以指听说双方，也可以指说话人一方，如“我们一块走吧”，“我们”指听说双方，称为包括式；又如“你别担心，我们会帮你的”，“我们”仅指说话人一方，称为排除式。此外，“我们”通常可指说话人一方的全体人，如“我们是中华儿女”，但有时在书面语中，为了表示委婉和谦虚，“我们”还可以专指说话人自己，如“我们认为，这篇文章的观点值得商榷”。

“咱”“咱们”指听说双方，如“咱回家吧”是包括式；有时也用于排除式，如“你多能干哪，咱不如你”，这里“咱”指说话人自己。

“人家”泛指对话双方以外的人，如“人家都去了，就剩咱们了”；有时也可以指说话人自己，同时附加了一种不满的、埋怨的感情色彩，如“人家那样喊你，你也不答应一声”。

还有人称类别的变化，用“你”指代“我”或“他（她）”，如“爷爷好脾气，你怎么俏皮，他都不生气”，“你”实际指说话人“我”。在表示领属时，“我”可以指代“我们”，如“我国”“我校”等。

第二种情况是疑问代词不表示疑问时有虚指和任指两种引申用法。

虚指是指代不能肯定的人或物。例如：

①不知什么时候才能再见到你。

②你走到哪儿，我会跟到哪儿。

例①的“什么”和例②的“哪儿”表示不肯定的时间和地点。

任指是指代一定范围里的任何人或事物。例如：

③不管谁敲门，你都别开。

④无论多么有钱有势，你都应该遵纪守法。

⑤他哪儿都去过，什么事都经过。

例③的“谁”和例④的“你”指任何人，例⑤的“哪儿”“什么”分别指任何地方和任何事情。

（九）拟声词

拟声词是摹拟自然界声音的词，如“哗、叭、啪、叮当、哗啦、扑通、嘀嗒、咔嚓、呼呼、轰隆隆、噼里啪啦”等。拟声词单纯摹拟声音，给人以如闻其声、如临其境的感觉。拟声词的语法特点主要体现在以下两个方面：

第一，拟声词主要起修饰作用，作定语、状语，有时也可以作谓语。例如：

①山涧传出哗哗的水声。（作定语）

②北风呼呼地吹着。（作状语）

③雷声隆隆。（作谓语）

第二，拟声词可以单独出现，作独立语，或单独成句。例如：

④扑通，扑通，青蛙纷纷跳进水里。（作独立语）

⑤轰！！！

在这天崩地塌价的声音中，女娲猛然醒来，同时也就向东南方直溜下去了。（单独成句）

（十）叹词

叹词是表示感叹、呼唤或应答的词，如“啊、哦、呸、哼、唉、咦、喂、哈哈、哎呀”等。叹词的语法特点主要体现在以下两个方面：

第一，叹词有很强的独立性，很少与其他句子成分发生结构关系，常在句子里作独立语，或独立充当感叹句。例如：

①哦，这就是我时时记得的故乡。(作独立语)

②啊！多么宽广的大海。(作感叹句)

③哎呀！你怎么现在还没走？(作感叹句)

第二，叹词有时也可以作谓语、定语、状语，如“他不停地哼哼着”，“哼哼”作谓语中心语；又如“宿舍里传出哈哈的笑声”，“哈哈”作定语；再如“小张唉唉地叹息着”，“唉唉”作状语。

叹词与拟声词在表音与语法功能上有相似之处，应注意辨析。这两类词的不同之处是，叹词只表现人的呼唤应答的声音，拟声词表现的是自然界的声音；叹词往往带有不同的感情色彩，如“哈哈!”“哎呀!”“唉!”“咦?”“哼!”等，拟声词是纯粹的摹仿，很少带感情色彩，如“远处传来砰砰的枪声”，“砰砰”是拟声词。

三、虚词

(一) 介词

介词是用在名词或名词性短语之前，共同组成介词短语，表示时间、处所、方向、对象等意义的词。

1. 介词的分类

(1) 表示时间、处所、方向的：从、自从、当、趁、自、于、往、由、到、朝、沿、沿着、顺着

(2) 表示对象的：对、对于、关于、和、跟、同、与、

将、把、被、替、比、除、除了

（3）表示凭借方式或手段的：按、按照、依、依照、据、根据、通过、经过

（4）表示目的、原因的：为、为了、为着、因、由于

2. 介词的语法特点

（1）介词不能单说，不能单独作句子成分，只能组成介词短语作状语、补语、定语，如“从今天开始”中的“从今天”作状语，“坐在教室里”中的“在教室里”作补语，“对这个问题的看法”中的“对这个问题”作定语。

（2）介词后面不能带动态助词“了”“着”“过”。这可以成为区分介词与动词的一条重要标准。“给”在“给你带来喜悦”中是介词，在“给了你一件礼物”中是动词。介词“为了”“除了”是合成词，其中“了”不是助词，而是构词成分。

（二）连词

连词是连接词、短语、句子，表示某种语义关系的词。

1. 连词的分类

根据连接成分的不同，连词可分为三类：

（1）连接词或短语的：和、跟、同、与、及

（2）只能连接分句或句子的：不但、不管、即使、既然、如果、无论、要是、因为、尽管、宁可、由于、只有、然而、否则、但是、可是、况且、所以、因此、只要、因而

（3）既能连接词、短语，又能连接分句或句子的：并、并

且、而、而且、以及、或者、还是

根据语义关系的不同，连词可分为七类：

（1）表示并列关系的：和、与、跟、同、而、及、以及

（2）表示顺承关系的：于是、接着

（3）表示递进关系的：不但、而且、并且

（4）表示选择关系的：或、或者、还是、宁可、与其

（5）表示转折关系的：虽然、但是、然而、可是、而

（6）表示假设关系的：如果、假如、即使、要是、哪怕

（7）表示条件关系的：只要、只有、不论、除非、不管

2．连词的语法特点

连词只起连接作用，不单独作句子成分，这与一些起关联作用的副词不同。副词在起关联作用的同时，还作句子成分。例如，“只要报名，就可以参加本次比赛”，“只要”是连词，只起连接作用，不作句子成分，而“就”在起连接作用的同时，还起修饰作用，在句中作状语，所以是起连接作用的副词。

（三）助词

助词是附着在词、短语或句子上面，表示某种语法关系或附加意义的词。

1．结构助词：的、地、得

结构助词附着在词或短语之后，表示某种结构关系。定语与中心语之间用“的”，如“晴朗的天空”“珍贵的礼物”；

状语与中心语之间用“地”，如“认真地研究一下”“心情沉重地走开”；补语与中心语之间用“得”，如“笑得很开心”“累得满头大汗”。所以说“的”是定语的标志，“地”是状语的标志，“得”是补语的标志。

结构助词“的”还可以附着在实词或短语的后面，构成“的”字短语。“的”字短语的功能相当于名词，经常作主语、宾语。例如：

①绿色的是草坪。（“绿色的”作主语）

②我的最好看。（“我的”作主语）

③穿红衣服的就是小华。（“穿红衣服的”作主语）

④这是她的。（“她的”作宾语）

结构助词“的”“地”“得”读音相同，都读轻声的 de。在口语中，依靠语境来区分。在书面语中，这三种分化的词形有助于句法关系的揭示和对意义的理解。

2. 动态助词：了、着、过

动态助词是附着在动词之后，表示动态的词。“了”表示动作、行为已经完成，“着”表示动作、行为正在持续，“过”表示动作、行为曾经发生。例如：

①我看了小说《战争与和平》。

②我正看着小说《战争与和平》呢。

③我看过小说《战争与和平》。

“了”还可以表示将来完成态，即表示前一动作结束、完成之后，才出现后一动作。例如，“你把书看完了让小张看”，实际上书还未看完，“让小张看”这一动作是在“你”看完了之后才会发生的事情。

3. 比况助词：似的、一样、般、一般

比况助词的功能是附着在词或短语之后，构成比况短语，以比喻的方式描写人或物，如“跑得兔子一样快”“恶狼似的扑过来”“发疯一样地喊着”。比况助词经常与“像”“如”“犹如”“跟”等动词搭配使用，构成述宾短语，如“像/老鹰似的”“如/流水一般”。

4. 其他助词：们、所、连、等、被、给

“们”附着在表示人的名词后，表示“群体”的意义，如“老师们”“同学们”“战士们”“先生们”“女士们”。“们”也可以用在表示事物的名词之后，如“星星们眨着眼睛”“喜鹊们叫个不停”，这些是拟人用法，多出现于文学作品中。应注意的是，人称代词“我们”“你们”“他们”中的“们”只是代词的一个构词成分，称为词缀，不是独立运用的助词。名词加“们”以后，不再受数量短语的修饰，如可以说“朋友们都来了”，但不能说“三个朋友们都来了”。

“所”经常用于动词前面构成“所”字短语，如“所见”“所闻”“所创造”等。这是古汉语用法在现代汉语中的沿用。“所”在现代汉语中主要出现于三种格式中：一是“被 + NP + 所 + VP”，如“被时代所抛弃”；二是“有/无 + 所 + VP”，如“有所发明”“无所作为”；三是“NP + 所 + VP + 的 + NP”，如

“我所了解的情况”“英雄所表现出的大无畏精神”，这里的“所”用在主谓结构之间，整个主谓结构作定语。

“连”用在表示强调的词语前面，与“也”“都”“还”等词呼应，说明事实和情理的矛盾，如“连这点事也干不好，你还能做什么?”

“等”有两种用法：第一，表示列举未完，如“我国有北京、上海等四个直辖市”；第二，表示对列举的总计，如“我国有北京、上海、天津、重庆等四个直辖市”。

“被”“给”经常用在动词前表示被动，如“被打伤”“给教训了一顿”。“给”的口语色彩更浓一些。如果“被”“给”后面出现了表示施事的名词性成分，如“被坏人打伤”“给老虎吃了”，则“被”“给”是介词。

（四）语气词

语气词是附着在句子的末尾，表示种种语气的词。有些语气词也可以用在句子中的停顿处。

1. 语气词的分类

（1）表示陈述语气的：了、的、吧、呗、啦、喽、罢了

①他们都来了。

②我们一定会成功的。

③老王已经走啦。

（2）表示疑问语气的：吗、呢、啦、啊、吧

①你同意吗?

②他们在干什么呢？

③校长不会不同意吧？

（3）表示祈使语气的：吧、啊（呀、哪、哇）

①大家给运动员加油吧。

②赶快走哇！

③你快唱啊！

（4）表示感叹语气的：啊（呀、哪、哇）、哩

①好大的风啊！

②真好看哪！

③跑得多快呀！

④我们队长还是神枪手哩！

附着在句子末尾是语气词最基本的语法特点。当用在句中停顿处时，可以舒缓语气，突出某种语用效果，如“你呀，怎么这样糊涂呢？”，“呀”是提醒对方注意后面所说的话；又如“照顾的事么，就不用告诉他了”，“么”用以突出所论话题；再如“姐姐从早市回来，青菜啦，豆腐啦，鸡啦，鱼啦，水果啦，沉甸甸地提了几大兜”，五个“啦”表示列举。

有时也有两三个语气词连用的情况，如“你看电影了吗？”，“了”和“吗”连用，但二者并不在一个结构层次上，可以分析为“你看电影了/吗？”，这两个语气词表示不同的语气，后一个语气词决定了句子的基本语气特点。不同语气词的连读会产生合音现象，形成一个音节，如“你把过去的苦日子全忘喽！”，“喽”是“了”与“哟”的合音；又如“这不是故意使坏嘛！”，“嘛”是“么”与“啊”的合音。

2．语气词的辨析

（1）语气词与叹词

语气词与叹词都可以表示感叹的语气。但是，语气词不能单独出现，它只能附着在词、短语或句子后面；叹词的独立性很强，通常是单独出现的。例如：

①啊呀，我怎么没想出来呢？

②哦，你就是老杨同志。

③你呀，一点道理都不懂！

④让我们的人民英雄千秋万代永垂不朽吧！

例①的“啊呀”和例②的“哦”单独出现，是叹词；例③的“呀”和例④的“吧”附着在词句的末尾，是语气词。

（2）语气词“了$_2$”与动态助词“了$_1$”

“了”既可以用作语气词（称为“了$_2$”），也可以用作动态助词（称为“了$_1$”）。从作用上看，语气词“了$_2$”表示陈述的语气，动态助词“了$_1$”表示动作已经完成。从位置上看，语气词“了$_2$”一般只出现在句子末尾，动态助词“了$_1$”既可以出现在句子末尾，也可以出现在句子中间。例如：

①他们已经去西安了。

②吃了饭再去吧。

③难翻的老山界被我们这样笨重的队伍战胜了。

④伙计，我们该走了。

例①的“了”在句子末尾，是表示陈述语气的“了$_2$”。例②的

“了”在句子中间，紧跟在动词“吃”后，是表示动态的“$了_1$”。“了”如果出现在句子末尾，其前又有动词，则应具体分析。例③的“了”紧跟着动词“战胜”，表示动态，又用在句末，表示陈述的语气，所以是兼有动态助词与语气词两种功能的“$了_1+了_2$”。例④的“了”不表示动作的完成，有祈使的意味，是语气词“$了_2$”。

（3）语气词“的”与结构助词“的”

“的”既可以用作语气词，也可以用作结构助词。一般来说，语气词“的”只出现于句末，结构助词“的”一般出现于句中，分布不同，所以不会相混。但是结构助词“的”构成的“的”字短语往往出现于句末，此时就容易相混。判别时可以从两方面考虑：

第一，如果“的”是语气词，则去掉后基本上不影响表意，如“我们是一定会成功的”，“是”和“的”去掉以后意思通顺，此时“的”是语气词；又如“胜利是我们的”，“是”与“的”去掉后意思不通，此时“的”是结构助词。

第二，“的”字短语之后可以添加中心语，如“这是我的→这是我的东西”，而语气词“的”后面一般不能添加相关词语，如“我们还会见面的”，这里的“的”只能是语气词。

四、词类划分中的几个问题

（一）划分词类的主要依据是词的语法功能

词类划分包括两个方面：一方面是从全局着眼，按照语法特点，把词划分出若干类别；另一方面是判断每个具体的词属于哪个词类。对词的整体分类与个别词的定性归类，依据是一致的，主要是词的语法功能，词的意义和形态只能作为划分词类的参考依据。如果只按词汇意义分类，所得到的是概念的类（即语义类），而不是语法的类。因为表示同类概念的词，其语法功能并不一定相同。例如，“红”与“红色”指的是相同的颜色，然而“红”是形容词，“红色”是名词。当然，汉语不像印欧语那样有丰富的形态变化，所以不能依据形态给汉语划分词类，但它有一定的参考价值。例如，许多双音节形容词有 AABB（白白净净）、ABAB（雪白雪白）、A 里 AB（毛里毛糙）等重叠形式，而其他词类很少有这种形式。

（二）充足条件与必要条件

根据语法特点给词定性归类时，应该明确充足条件与必要条件的不同。充足条件是指“有之必然，无之未必不然”，即具有某个特点的词，一定属于某类词，而没有某个特点的词，未必不是该类词。例如，能够带宾语的词一定是动词，“能够带宾语”对动词来说就是充足条件；但是不能带宾语的词未必不是动词，像“打仗”“休息”“游行”等词不能带宾语，但也是动词。又如，能够进入“V 一 V”格式的词一定是动词，如“看”“走”“说”“跑”等；但很多单音节动词和大多数双音节动词不能进入该格式，如“是、死、生、能、休息、学习、锻炼”等都不能进入该格式，但也是动词。有些词类可能有不止一个充足条件，此时只要抓住一条，就可以给词定性归类。

必要条件是指“无之必不然，有之未必然”，即不具备某个特点的词，一定不属于某类词，而具备某个特点的词，未必就是该类词。例如，连词都能起连接作用，连接词、短语、句子等语法单位，“和、跟、同、与、及、而且、因为”等词都能起连接作用，所以是连词，不能起连接作用的词一定不是连词；但是“就”“才”“又”“也”等词有时也能起连接作用，如“如果你去，我就去”“只有你去，我才去”，这两例中的“就”“才”起连接作用，但并不是连词，而是副词，因为有些副词也起连接作用，同时又起修饰作用，这一点与纯粹的连词不同。又如，副词能够作状语，如“马上、立即、格外、最、果然”等，如果不能作状语，就一定不是副词；但是，能作状语的词未必就是副词，如形容词、时间名词、能愿动词等都能作状语。有人看到“他迅速离开”“明天开会”“应该认真学习”等结构中的“迅速”“明天”“应该”作状语，就认为这些词都是副词，当然是不对的。因为能够充当状语的词类有多种，不止副词一种。这是将必要条件当作充足条件使用了。总之，充足条件能够使人们知道，符合某个语法特点的词一定属于某类词，必要条件则使人们清楚地认识到，不符合某个语法特点的词就一定不是某类词。合理地运用这两个条件可以使词的归类更加迅速准确。

（三）一般规律与特殊现象

划分词类的理想标准应该是对内具有普遍性，对外具有排他性，即按照这一标准划分的结果，可以囊括该类词的所有成员，而与该类词以外的其他词类具有明确的区分度。但是因为汉语的词类具有多功能性的特点，词类与句法成分之间没有严格的对应关系，所以很难做到哪一类词的基本语法特点对外具有排他性，对内具有普遍性。所以在给词定性归类时，首先应该掌握一般规律，以确定大部分词的归类问题。除此之外，还应该看到特殊的语法现象，在分析比较之后，加以合理的解释。例如，一般的语法书在谈到名词的语法特点时都会说，名词不重叠使用，通过这一语法特点可以将其与动词、形容词区分开，这对大多数名词来说是准确的；但是有些名词却可以重叠，如“人人努力”“家家丰收”“村村通公路”等，这是名词的一个特殊用法，重叠以后带有“每一”的意思。又如，副词可以修饰动词、形容词，名词不受副词修饰，这种表述是正确的，但是却有“很淑女”“很绅士”“很个性”等说法。

面对这些“例外”，高明的办法不是视而不见，而应该具体问题具体分析。一些名词受程度副词的修饰，是因为这些名词具有某一类人或事物代表性的特点，“淑女”最突出的特点是温柔、文静，“绅士”被认为是最宽容、最有风度的男子，“个性”是不同一般的性格。“很 + NP”这种格式的语用功能在于说明该类人或事物的特性非常突出，这是受形容词影响而衍生出的一种特殊用法。又如，形容词一般可以重叠使用，表示程度加深，如“漂漂亮亮”“清清楚楚”，但有的形容词如“绿油油”“冷冰冰”“黑洞洞”不能重叠，这是因为叠音后缀带有强调的性质，与重叠的功能类似，所以此类形容词不能再出现重叠形式。

对这种语法现象的特点及其存在的理据的分析，能够使人们认识其特殊性，增强对语言的理解。所以，在划分词类时，应充分关注某些词的个性，不因一般规律而无视特殊现象，也不因特殊现象而否认一般规律。

（四）现代汉语与古代汉语和方言的差异

现代汉语是对古代汉语的继承和发展，同时也会不断地从各方言中汲取营养，但它们的语法体系又是各自独立的，有各不相同的语法特点。现代汉语的词类与古代汉语、方言的词类及用法有着明显的差异。例如，在现代汉语里，名词不能直接受数词的修饰，而在古代汉语中是可以的，如“帝感其诚，命夸蛾氏二子负二山”（《列子·汤问》），“子”“山”为名词，直接与数词“二”结合。古代汉语的普通名词可以作状语，如“豕人立而啼”（《左传·庄公八年》），名词“人”直接修饰动词“立”。现代汉语的普通名词（除少数时间名词与处所名词之外）没有作状语的功能，所以不能根据古代汉语名词的用法总结现代汉语名词的语法规律，也不能因为现代汉语的用法就否定古代汉语名词作状语的特点。

方言与普通话之间、不同的方言之间，语法规律也有很大的差异。例如，西安方言中的程度副词“很”只能作补语，不能作状语，可以说“城墙高得很”，但没有“城墙很高”的说法。西安方言的程度副词“太”既能作状语，也能作补语，如“太好咧！”“好得太！”甚至作补语时可以重叠使用，如“好得太太！”表示程度很深。普通话的程度副词“太”只能作状语，不能作补语，如“太好了！”。所以，我们在考察词的语法功能及描述词类用法的时候，要立足于现代汉语普通话的语言事实，注意它与古代汉语和方言的差异。

当然，在研究和描写现代汉语语法的时候，运用比较的方法，将现代汉语与古代汉语、方言进行比较，可以使我们对语法的发展演变有更全面的了解和更深入的理解，这将有助于我们对现代汉语语法更进一步的研究。

（五）词的兼类现象

汉语的绝大部分词都归属于一个固定的词类，但也有一些词，孤立地看，会有两种甚至两种以上词类的语法特点，可以归入不止一种的词类中，这类词称为兼类词，如“领导”，在“他是我们的领导”中是名词，在“他领导我们”中是动词；又如“麻烦”，在“这事办起来很麻烦”中是形容词，在“我不想麻烦别人”中是动词。兼类词主要有以下类型：

第一种是兼有名词、形容词语法特点的，如“科学、精神、矛盾、困难、经济、文明、错误、威风、民主、典型”。

第二种是兼有形容词、动词语法特点的，如“忙、端正、完善、丰富、巩固、麻烦、突出、繁荣”。

第三种是兼有动词、名词语法特点的，如“锁、伤、病、报告、代表、命令、工作、决定、导演、通知”。

第四种是兼有动词、介词语法特点的，如“在、用、比、对、给、向、跟、到、针对”。

第五种是兼有连词、介词语法特点的，如“与、和、跟、因、同、为了、因为”。

有些词如“热、毒、气、肥、规范、保险”等，还会体现出三种词类的语法特点。例如：

①给锅里的水加点热。（名词，表示热量）

②把饭热一下再吃。（动词，表示加热的行为）

③今天太热了。（形容词，表示天气的性质）

分析兼类词应注意以下五个方面的问题：

第一，兼类词是对同一个词说的，是指同一个词在不同的语言环境中体现出不同词类的语法特点。判断兼类词需要正确把握词的同一性问题，即出现于不同语法位置上的读音和字形相同的词是同一个词，还是不同的词。例如，“一把锁”和“锁门”中的“锁”，“老人”“老了一个人”“老犯错误”中的“老”，到底是几个不同的词还是一词多类？判断它们是一个词还是几个词，应重点考察不同用法之间在词义上的联系。从词义的历时发展来看，“锁门”的“锁”是从“一把锁”的“锁”引申而来的，两个意义之间联系比较明显，应当看作一词多类。分布的不同是词的语法功能的外在表现。“老人”的“老”与“老了一个人”的“老”同样有意义上的引申关系，也属于兼类现象。但“老犯错误”的“老”与前两个意义之间，在现代汉语中已经看不到有什么联系了，因此应当看作不同的词，而非兼类现象。词的意义联系对判别词的同一性有重要的作用。

第二，兼类词与同形同音词不同。兼类词是一个词兼有两种或多种词性和用法，几种意义之间有密切的联系。同形的同音词只是书写形式和语音形式相同，意义上毫无联系，如“桌面很光”与“光说不干”，两个“光”是同音词，前者是“光滑”的意思，是形容词，后者是“徒然”的意思，是副词；又如“这朵花很漂亮”与“花了三块钱”，两个“花”没有意义上的联系，前者指植物的花朵，是名词，后者表示动作行为，意为“耗费”，是动词，二者是同音词，不是兼类词。

微信上曾有一个有趣的帖子，一句话中连用多个同形词，来让人揣摩其含意与用法。这里既涉及对词义的理解，也涉及对词性的辨析。其例摘抄如下：

> ④今天下雨，我骑车差点摔倒，好在我一把把把把住了。
>
> ⑤多亏跑了两步，差点没上上上上海的车。
>
> ⑥用最毒的毒毒毒蛇，毒蛇会不会被最毒的毒毒死？
>
> ⑦校长说，校服上除了校徽，别别别的，让你们别别别的别别别的你非别别的！

例④连用了四个“把”字，我们按顺序将其标为“把$_1$”“把$_2$”“把$_3$”“把$_4$”。联系句意分析，“把$_1$”为量词，与“一”构成量词短语“一把”，作状语。“把$_2$”为介词，“把$_3$”为名词，意思是“车把”，二者构成介词短语“把把”，作状语。“把$_4$”是动词，意思是“握住，控制”，“把住”是中补短语。这句话的结构可以分析为“我‖［一把］［把把］把〈住〉了”（可参看第四章中“句子成分”的相关内容），其中“把$_4$”是谓语中心语。“把$_1$”“把$_2$”与“把$_3$”“把$_4$”在词义上已经看不到联系了，所以它们之间是同音词关系，“把$_3$”与“把$_4$”还能看出词义上的引申关系，所以是兼类词。可见，句意的准确理解，是建立在对词义与词性的正确分析之上。其他几例，读者可以练习分析。

第三，兼类词与词类的活用不同。兼类词的不同词性和用法是比较固定的，是能够独立存在的。词类活用是临时改变词性，如“老栓，就是运气了你!”（鲁迅《药》）其中“运气”是临时将名词活用为动词，脱离了具体的语言环境，“运气”仍然是名词；又如，去年春节期间，西安有一个宣传口号是“西安年，最中国”，名词“中国”受程度副词“最”的修饰，临时活用为形容词。词类活用只是为了在动态的句子之中取得特定的语用效果，这种临时的用法及意义不会在词典中记载和解释。

第四，汉语的词类具有多功能性，同一个词在词性不变的情况下可以充当多种句法成分。例如：

⑧锻炼很重要（作主语）

⑨他喜欢锻炼（作宾语）

⑩他正在锻炼（作谓语中心语）

⑪锻炼的人走了（作定语）

“锻炼”一词在上面几例中分别作主语、宾语、谓语中心语和定语，虽然充当了不同的句法成分，但其词性与词义没有变化，是同一动词的语法功能的具体体现，不是兼类现象。兼类词的不同意义之间既有联系，又有区别。例如：

⑫他是我们的代表（名词）

⑬他代表我们发言（动词）

例⑫的“代表”指“受委托或指派，替别人或团体办事、发表意见的人”，是名词。例⑬的“代表”指“代替别人或团体办事、发表意见”，是动词。这两种用法之间有明显的意义差异，但又有引申关系，所以是兼类词。

第五，词的兼类是对词进行孤立的静态观察时存在的语法现象。例如“精神”一词，可以体现出不同的词类特点，是兼类词。倘若进入句子，在特定语境的限制下，其词性与词义总是具体而单一的。在“他的精神十分可贵”中“精神”为名词，在“老大爷显得很精神”中则是形容词。如果某个词在一个句法结构中同时表现出几种词性特征，就会形成歧义，如“门没有锁”。这里的“锁”可以是名词，表示门上没有安装锁具；同时也可以是动词，表示门没有被锁上。言语交际中的歧义现象若可能引起表意的混乱或误解，则需要变换说法。

五、易混词类的辨析

一个词类的语法功能是指该词类所有词都具有的共性。这种共性很多，有的还可能跟别的词类形成交叉，而且一个词类内部各个词又有不同的个性，这就给词的分类及词性的确定带来困难。我们在给词划类时，应更多地关注只有该类词才具备而别的词类不具备的语法功能，这种带有区别性特征的语法功能就是语法特点，也就是它的个性。下面对一些易混词类加以辨析。

（一）动词与形容词的辨析

这两类词的辨析可以从以下三个方面考虑：

第一，是否具有兼类现象。动词与形容词都可以作谓语，合称谓词。动词大多能带宾语，但形容词不能；有些形容词兼有动词的特点，不带宾语时是形容词，如“文化生活很丰富”中的“丰富”是形容词，“丰富了文化生活”中的“丰富”带了宾语，则是动词。这属于词的兼类现象。

第二，能否带宾语。大多数动词不能受程度副词的修饰，形容词一般可以受程度副词的修饰，如“很正确”“很坚强”等。心理动词与一般动词不同，可以受程度副词的修饰，如“很喜欢”“很想念”等。区分的办法是看被程度副词修饰时能否带宾语，能带宾语的是心理动词，否则为形容词。可以说“很喜欢小孩”“很想念亲人”，所以“喜欢”“想念”是心理动词；但是“很正确”“很坚强”后面都不能带宾语，所以“正确”“坚强”是形容词。

第三，重叠方式。动词和形容词大都可以重叠，但重叠的方式和作用不同。单音节动词重叠后，后一音节读轻声，如“看看”“说说”“尝尝”；单音节形容词重叠后，后一音节无需轻声，如“高高举起”“小小寰球”“弱弱地问”，这些词在口语里往往儿化且变读阴平，如“好好儿”“早早儿”“快快儿”。

双音节动词采用 ABAB 式重叠，重叠部分轻读，如“休息休息”“考虑考虑”“商量商量”；双音节性质形容词采用 AABB 式重叠，前字重叠部分轻读，后字重叠部分重读，如“高高兴兴”“干干脆脆”“清清楚楚”，口语中有的后两个音节可变读阴平，如“舒舒服服”“明明白白”“漂漂亮亮”。双音节性质形容词如果采用 ABAB 方式重叠，就是动词了，如“舒服舒服”“高兴高兴”。从重叠以后的作用看，动词重叠表示动量减小，带有“尝试”的意味；形容词重叠以后正好相反，表示程度加深。

（二）时间名词与时间副词的辨析

时间名词和时间副词都可以充当状语。例如：

①昨天来西安（时间名词）→已经来西安（时间副词）

②现在开始上课（时间名词）→刚刚开始上课（时间副词）

③过去发生（时间名词）→曾经发生（时间副词）

④秋天回家（时间名词）→经常回家（时间副词）

以上语例中的状语由时间名词与时间副词充当，需要加以辨析。这两类词的主要差别是：

第一，时间名词可以修饰名词作定语，如“昨天的事情”“现在的情况”；时间副词不能作定语，只能作状语，如上例中“已经”“刚刚”等是时间副词。

第二，时间名词可与介词构成介词短语，如“［从昨天］开始”“工作〈到现在〉”，“昨天”“现在”是时间名词，同样，“晚上、早晨、去年、从前、秋天、星期日”等都是时间名词。时间副词不能与介词构成介词短语，如“经常、常常、终于、永远、马上、立刻、曾经”等都是时间副词。

这两条标准只要满足一条便可以确定是时间名词，因为副词除了作状语外不能再作其他成分。

（三）形容词与副词的辨析

副词的语法功能是作状语，形容词也常常作状语，而且有些表示情状的副词与形容词的语义比较相近，二者容易混淆。例如：

①猛然发现 → 偶然发现
②亲自接见 → 亲切接见
③马上前进 → 迅速前进
④一概反对 → 一致反对
⑤大肆批判 → 彻底批判

判断以上语例中充当状语的词是形容词还是副词，可以从以下三个方面加以分析：

第一，形容词一般都可以受程度副词修饰，副词不能。可以说“非常偶然”“很亲切”，所以“偶然”“亲切”是形容词；不能说“非常猛然”“很亲自”，所以“猛然”“亲自”是副词。

第二，形容词可以修饰名词，副词不能。“偶然现象”“亲切的态度”中的“偶然”“亲切”都修饰名词，是形容词；而“猛然”“亲自”不能修饰名词，是副词。

第三，形容词可以作谓语，副词不能。可以说“情况很偶然”“态度极亲切”，“偶然”“亲切”是形容词；“猛然”“亲自”不能作谓语，是副词。

还应注意一些同形同音词的区分，如“脾气怪”“脸要洗净”中的“怪”“净”分别作谓语和补语，描写事物的性质，是形容词；又如“小狗怪好看”“净干坏事”中的“怪”“净”都作状语，表示程度或范围，是副词。

（四）介词与动词的辨析

现代汉语里的介词大部分由古代汉语的动词虚化而来，有些介词的意义已经很虚了，如“从”“以”“自”“对于”“关于”等。它们一般不作谓语，即使有时带名词性宾语，也只能组成介宾结构，如“从这里出发”“以英雄为榜样”“关于这个问题”中的“从”“以”“关于”都是介词，这相对容易区分。但是还有部分词，既有介词用法，又保留了动词用法，如“在、用、比、拿、到、给、遵照”等，这些词在不同结构中会表现出不同的语法功能，容易发生界线模糊的情况。例如：

①小明今天在家学习（介词）→小明今天不在家（动词）

②你会用毛笔写字吗（介词）→我不会用毛笔（动词）

③你比他高（介词）→大家比干劲，比成绩（动词）

区别动词与介词，可以从以下三个方面考虑：

第一，动词与介词的作用不同。动词表示动作行为，介词用于引入动作行为的方式、处所、时间及凭借工具等，与后面的名词性成分构成介词短语，作修饰成分。

第二，动词能单独作谓语、谓语中心语，介词不能。以上几例中箭头左边的“在”“用”“比”不能单独作谓语中心语，只能与后面的成分构成介词短语，修饰中心语，所以是介词；箭头右边的“在”“用”“比”单独作谓语中心语，是动词。

第三，动词后面可以加动态助词“了”“着”“过”，如“他不在了”“我会用了”“他们比过了”，介词后面不能加“了”“着”“过”。

（五）介词与连词的辨析

有些词如“和”“跟”“同”“与”等既有介词用法，又有连词用法，而且它们两边都可以出现名词或名词性短语，构成“NP_1 + 和（跟、同、与） + NP_2”格式，应注意辨析。例如：

①和：爸爸和妈妈都参加了我的毕业典礼。（连词）

我已经和妈妈说了我的想法。（介词）

②与：这时候最热闹的，要数树上的蝉声与水里的蛙声。（连词）

苏州园林与北京的园林不同，极少使用彩绘。（介词）

区分这些词的介词与连词用法可以从以下三个方面考虑：

第一，作连词时所连接的两个名词或名词性短语构成联合关系，一般来说位置可以互换而不影响基本表意，如例①的“爸爸和妈妈”也可以说成“妈妈和爸爸”。而作介词时只与后面的名词或名词性短语具有直接的结构关系，所以其前后成分的位置不能互换，否则会发生意义上的变化，如例①中“我已经和妈妈说了我的想法”，“和”是介词，如果变为“妈妈已经和我说了我的想法”，则与原意不符。

第二，作介词时前面可以插入其他修饰语，而作连词时不能，如例②的“要数树上的蝉声与水里的蛙声”，“与”前面不能插入修饰语，“与”是连词；又如例①中“我已经和妈妈说了我的想法”，“和”前面加入了状语“已经”，这是因为介词短语作状语时，允许前面有其他状语存在；再如“医生详细地同患者讲了药物可能产生的副作用”，“同”前面能插入修饰语，因此是介词。

第三，作连词时往往可以省去不用，书面上用顿号表示，如“工人、农民、知识分子”，作介词时则不能省去。

（六）结构助词“的”“地”“得”的辨析

结构助词主要表示附加成分与中心语之间的结构关系。“的”“地”“得”这三个结构助词在用法上各不相同。“的”用在定语的后面，表示定中关系，如“静静的夜晚”；“地”用在状语的后面，表示状中关系，如“慢慢地走”；“得”用在补语的前面，表示中补关系，如“跑得很快”。结构助词“的”还可以附加在实词或短语的后面，构成“的”字短语。“的”字短语的功能相当于名词，经常作主语、宾语。

三个结构助词的分形使用，可以准确有效地表达语意。例如：

①做得再好也没有用

→做的再好也没有用

②爷爷耐心地劝说使他火气顿消

→爷爷耐心的劝说使他火气顿消

以上语例用了不同的结构助词，含义是不同的。例①用结构助词“得”，是说“做”的过程中，手艺无论多么好，也没有用，是对工艺的评价（意思是“何必那么认真地做”）；而用结构助词“的”，是说“做成的东西”质量再好也没有用，是对成品的评价（可以理解为“还是买现成的好”）。例②用结构助词“地”，整个主谓结构“爷爷耐心地劝说”作主语，是说爷爷耐心劝说的过程使他消了火气；而用结构助词“的”，使得“劝说”成为主语中心语，“爷爷”和“耐心”是两个定语，表达的意思是何种“劝说”使他消了火气。由此可见，结构助词的不同会带来表意的差异。

信息时代，人们传达的内容需要准确而规范，这样可以提高语言交际的时效性。但是，在书面语中，结构助词混淆误用的现象却比较突出，直接影响了语言的表达与理解。例如，“哭的笑的都有”，是说有人哭，有人笑；如果写成“哭得笑得都有”，就有了语病，让人无法理解。所以，运用结构助词，不可不慎。

结构助词的误用，最普遍的是将“地”“得”误用为“的”，也有将“的”误用为“地”“得”或混淆“地”“得”的情况。下面逐一进行讲解。

第一种情况，结构助词“地”被误用为“的”。例如：

③＊他慢慢的抬起身看着我。

④＊队长已经清楚的认识到问题的严重性。

⑤＊她一个字一个字的给病人读信。

⑥＊胡明小心翼翼的走到门口。

⑦＊天空慢慢的暗下去了。

以上几例中，“慢慢的抬起身”“清楚的认识到”“一个字一个字的给病人读”“小心翼翼的走”“慢慢的暗下去”都是状中结构，状语与中心语之间的结构助词应该用“地”。

第二种情况，结构助词“得”被误用为“的”。例如：

⑧＊小莉跑的像风一样快。

⑨＊我坐在前面，看的很清楚。

⑩＊刚加完夜班，累的我头昏脑胀。

⑪＊小艾回答的滴水不漏。

⑫＊今天，你喝的太多啦！

以上几例中，“跑的像风一样快”“看的很清楚”“累的我头昏脑胀”都是中补结构，中心语与补语之间应该用结构助词“得”。例⑪“小艾回答的滴水不漏”只能理解为“的”字短语“小艾回答的”作主语，表示回答的内容圆满周详，滴水不漏。如果要表达回答的行为与过程没有漏洞，令人满意，则要将结构助词“的”改为“得”。结构助词的不同，导致了句意的改变。例⑫的“喝的太多”与例⑪属于同类问题。

第三种情况，结构助词“的”被误用为“地”。例如：

⑬＊老李对这个问题作了认真地研究。

⑭＊成功需要长期地准备和艰苦地付出。

⑮＊他表现出来地勇敢得到连长由衷地赞许。

⑯＊这种耐心细致地解说，深深打动了我们。

⑰＊反复地阅读和一丝不苟地修改使文稿更趋成熟。

以上几例中，“认真地研究”“长期地准备和艰苦地付出”“他表现出来地勇敢”“连长由衷地赞许”“这种耐心细致地解说”“反复地阅读和一丝不苟地修改”等短语，被修饰的中心语是动词或形容词，容易让人误以为整个短语是状中结构。但结合对具体句子的分析，会发现这些短语或者充当主语，或者充当宾语，整个短语就有了名词的功能和性质，因而中心语前面的修饰语应该是定语，所以要用结构助词“的”表示定中关系。

再分析几例谓词性成分（包括动词、形容词和由它们构成的各种短语）作主语、宾语或修饰成分的句子：

⑱小军仔细认真地回答问题‖赢得了老师的赞赏。

例⑱的主谓短语“小军仔细认真地回答问题”是全句的主语，其中“回答问题”是述宾短语，前面的“仔细认真”是状语，所以，结构助词应该用“地”。

⑲华敏‖打算｜全力地准备高考。

例⑲中“准备高考”是述宾短语，“全力”是状语，所以，其间的结构助词应该用“地”。

⑳［在郑重地说了声再见之后］，姐姐‖头也不回地进了车站。

例⑳的句首状语由介词短语充当，“说了声再见”是述宾短语，前面的“郑重”是状语，所以要用结构助词“地”。以上三例的共同特点是述宾短语前有直接修饰成分，这个修饰成分只能是状语，不能是定语，这就决定了其间的结构助词是“地”，不能用“的”。

第四种情况，结构助词“的”被误用为“得”。例如：

㉑ *妈妈昨天买得衣服很好看。

㉒＊哥哥画得油画《村姑》获奖啦！

㉓＊游击队挖得地道发挥了很大作用。

㉔＊大家将要讨论得问题很重要，请提前准备一下。

㉕＊我们刻苦训练得成果就要向公众展示了。

㉖＊让李教授难以接受得失败还是出现了。

以上几例中，“妈妈昨天买得衣服”“哥哥画得油画《村姑》”“游击队挖得地道”“大家将要讨论得问题”“我们刻苦训练得成果”“让李教授难以接受得失败”都是定中结构，定语与中心语之间应该用结构助词“的”。之所以出现上述错误，大概是书写者误以为，只要在动词或形容词后面出现的结构助词必定是“得”，这种认识是片面的。运用结构助词，首先要正确判断整体结构的性质。谓词性成分经常可以作定语，在这种情况下，就要选择结构助词“的”表示定中关系。

第五种情况，混淆结构助词“地”与“得”。例如：

㉗这乞丐一瘸一拐地消失在人流中了。

→＊这乞丐一瘸一拐得消失在人流中了。

㉘李先生毫不犹豫地走出门去。

→＊李先生毫不犹豫得走出门去。

㉙外面的狗叫得有点古怪。

→＊外面的狗叫地有点古怪。

㉚这魔术表演得太神奇了！

→＊这魔术表演地太神奇了！

有时，书写者没有搞清楚结构助词“地”与“得”在用法上的差异，出现误用。上面四例中，带星号一边的用法是错的。在例㉗㉘中，“一瘸一拐”与“毫不犹豫”都是状语，所以后面的结构助词应该用“地”。书写者误认为这两个短语是动词或形容词性质的，后面的成分是补语，所以误用为了“得”。在例㉙㉚中，“叫”与“表演”都是谓语中心语，后面的成分是补语，所以用结构助词“得”。书写者误将“有点古怪”与“太神奇”当作了谓语中心语，将前面的谓语中心语当成了修饰语，所以误用了“地”。可以看出，结构助词的运用与句子结构的理解有密切关系。当然，也不排除有的书写者没有搞懂结构助词的用法，而随意使用的情况。

有的语法著作主张将结构助词“的”与“地”加以合并，一律写作“的”，这样或许可以避免因区分不清而造成的使用不当的现象，但缺点是语意区分不够精细，也与已有的社会用词不一致，容易造成用法上的混乱。

第三章　短语

一、什么是短语

短语是词按照一定的语法规则和意义关系组合起来的没有语调的语言单位，也叫词组。短语与词的区分可以表现在“量”的方面，短语最少由两个词组成，如“风景优美”，也可以由多个词组成，如“机智勇敢的战士”由四个词组成。

短语与词的区别一般情况下是清楚的，特别是结构稍长一些的短语。因为双音节合成词在现代汉语词汇中占大多数，所以经常有双音节短语与双音节合成词界限不清的现象，应注意区分。例如：

老鼠　老房
黑板　黑布
山羊　山水

上面两组是词还是短语，可以从结构和意义两方面加以区分。

第一，从结构方面看。词的结构比较固定，总是整体出现，一般不能拆开来运用，也不能加入其他成分，如“老鼠”不能说成“老的鼠”，“黑板”不能说成“黑颜色的板”；短语的结构比较松散，可能加入其他成分，如“老房”可以说成“老的房子”，“黑布”可以说成“黑颜色的布”。所以“老鼠”

“黑板”是词，“老房”“黑布”是短语。

第二，从意义方面看。词表示整体概念，往往不是字面意思的简单相加，如“老鼠”“山羊”特指某些种类的动物，不能按字面意思理解为“比较老的鼠”“生长在山里的羊”；短语包含多个概念，其意义一般是字面意思的直接反映，如“蓝蓝的天空”“游览华清池”，上例中“老房”即“陈旧的、年代较久的房子”，“山水”即“山脉和河流”。所以，“老鼠”“山羊”是词，“老房”“山水”是短语。

有时，短语与词的区分还要考虑语言环境因素。例如，“绿叶衬红花”中“红花”指“红色的花”，是短语；而有一种中药材也叫“红花”，这里的“红花”是词。又如，“电灯的开关”中的“开关”特指一种电器设备，是词；“库房大门不要随便开关”中的“开关”指“开”与“关”两种动作行为，是短语。

二、短语的分类

短语可以根据不同的目的和标准，划分为多种类型。常见的分类方法有根据结构分类、根据语法功能分类、根据结构的固定程度分类和根据意义的多少分类等四种形式。

第一种，根据结构分类，可以将短语分为联合短语、偏正短语、主谓短语、述宾短语、中补短语、方位短语、量词短语、连谓短语、兼语短语、同位短语、介词短语、“的”字短语、“所”字短语、比况短语等多种类型，如联合短语“工人农民”、偏正短语“好心情”、同位短语“文学家巴金”等。

第二种，根据语法功能分类，可以将短语分为名词性短语、动词性短语和形容词性短语，如“我的父亲”“刻苦钻研”“非常好看”。

第三种，根据结构的固定程度分类，可以将短语分为自由短语与固定短语。自由短语是临时组合而成的短语，如“绿色的草地”“昨天刚来”“去图书馆借书”。固定短语是结构固定不变，并有特定含义的短语，主要包括成语、惯用语以及组织和单位的名称，如“井底之蛙”“破釜沉舟”“泼凉水”“开夜车”“第四军医大学”。

第四种，根据意义的多少分类，可以将短语分为单义短语与多义短语。单义短语是只有一个意义的短语，如“买书”“快过来”“鲜花盛开”“请你唱歌”。多义短语是具有两种或两种以上意义的短语，如“他的父亲要开刀”，“父亲”可能是医生，也可能是病人；又如“三个学校的老师”，既可以理解为“学校的三个老师（老师有三个）”，又可以理解为“来自三个学校的老师（学校有三个）”。

三、短语的结构类型

根据结构的不同，短语可以分为联合短语、偏正短语等十四类。

（一）联合短语

联合短语由两个或两个以上的部分组成，各部分之间具有并列、顺承、选择、递进等关系。例如：

城市乡村　　上午或下午
我和你　　干净整齐
真善美　　商量研究
讨论并通过　　好不好
游泳或者跑步　　既聪明又勇敢

（二）偏正短语

偏正短语由修饰语和中心语两部分组成，修饰语在前，修饰限制后面的中心语。偏正短语可以细分为定中短语和状中短语两类。

定中短语的修饰语为定语，中心语一般是名词性成分。例如：

他的哥哥　　西安人
早晨的事情　　美丽的西双版纳
旧照片　　学习时间
军用飞机　　一件衬衣

状中短语的修饰语为状语，中心语是动词性成分或形容词性成分。例如：

很好　　非常清楚
已经开始　　认真研究
怎么去　　一口一口地喝
明天回来　　拼命地跑
为大家着想　　在家里休息

（三）述宾短语

述宾短语由两部分构成，前一部分是动词，后一部分是动词涉及的对象。例如：

买衣服	去上海
想念亲人	做作业
考大学	吃三个
讨厌虚伪	爱热闹
接受检阅	谢绝参观

（四）中补短语

中补短语由两部分组成，前一部分是中心语，后一部分是补语，后一部分补充说明前一部分。例如：

说清楚	走回来
唱三遍	躺在床上
走向教室	好得很
幸福极了	跑得快
生于 1942 年	高兴得哭了

（五）主谓短语

主谓短语由两部分组成，前一部分是主语，是被陈述的对象，后一部分是谓语，是陈述前一部分的。例如：

前途光明	火车奔驰
你进来	考试结束

今天星期日　　鸡叫
鲁迅浙江人　　话不投机
他是谁　　思想正确

（六）同位短语

同位短语由两部分组成，这两部分从不同的方面称说同一个人或物。例如：

首都北京　　古城西安
我们大家　　你们青年人
老张他们　　通讯员小王
鲁迅先生　　春节那天
《五牛图》这幅画　　“酷”这个词
你们几位　　珍贵稀有动物大熊猫

有时同位短语中又包含同位短语，形成多个结构层次的复杂短语。例如：

首都北京那个地方
我小学时候的女老师蔡云芝先生

（七）连谓短语

连谓短语由两个或两个以上谓词性成分连用，陈述同一个主语，各部分之间不用关联词语，没有语音停顿，也没有联合、偏正、主谓、补充等关系。例如：

去教室上课　　开门出去

买一本书看	有义务帮助他
看了很高兴	倒一杯水喝
躺着看书	没有理由发火

（八）兼语短语

兼语短语由一个述宾短语和一个主谓短语套叠而成，述宾短语的宾语兼作主谓短语的主语。例如：

请你来	派小王参加
使我们高兴	有人敲门
没有人去	让李厂长讲话
是姐姐来了	要求你表演

（九）量词短语

量词短语由数词或指示代词加上量词组成。可分为两类，由数词与量词组成的短语称为数量短语，由指示代词与量词组成的短语称为指量短语。例如：

一个	三辆
五次	十五条
这间	那回
这件	那位

（十）方位短语

方位短语由方位名词附加在其他词或短语的后面组成，表示处所、范围或时间。例如：

教室里　　城乡之间
操场上　　工人里头
马路上边　　长城内外
十五岁左右　　下班以后
三天之内　　五年以前

（十一）介词短语

介词短语由介词附加在名词等词或短语前面组成，表示动作的方式、对象、工具、处所、时间、目的、方向等。介词短语主要作状语、补语，有的可以作定语。例如：

从新疆（来）　　对同学们（说）
在大街上（走）　　把自行车（骑走）
向东（开）　　被大风（吹倒）
为胜利（干杯）　　比他们（好）
（倒）在地上　　（生）于乱世
对优秀生（的表扬）　　关于这件事（的议论）

（十二）“的”字短语

“的”字短语由结构助词“的”附在词或短语后面组成，也可看作是带“的”的偏正短语省略了中心语以后形成的短语。“的”字短语属于名词性短语，只能作主语和宾语。例如：

我的　　漂亮的
图书馆的　　用的
卖菜的　　看不见的

粉红色的　　　　昨天买的
我们俩的　　　　便宜的

（十三）“所”字短语

“所”字短语由助词“所”附加在及物动词前面组成。“所”字短语属于名词性短语，常作主语、宾语、定语。例如：

所见　　　　所创造
所悟　　　　所遇到
所需　　　　所问

（十四）比况短语

比况短语由比况助词“似的”“一般”等附加在词或短语之后组成，具有比喻作用，常作状语、定语、补语。例如：

火一样　　　　春天般的
野马一般　　　　散了架似的
花朵般的　　　　木桩似的

比况短语经常与动词“像”“好像”“犹如”“仿佛”等词搭配使用，构成比喻，如“像/蜜蜂似的”“仿佛/哑了似的”等。从结构上看，这一类短语应看作述宾短语，其中的宾语由比况短语充当。

四、复杂短语与层次分析

短语的结构有的简单，有的复杂。由两个词构成的短语，在结构上只有一个层次，称为简单短语，如“真好”“学习工作”“参加比赛”。如果对简单短语里的某些词加以扩展，就会形成短语里面套短语的现象，即短语的成分又由短语充当，如“学习工作”→“学习工作了三年”→“在这里学习工作了三年”→“他的哥哥在这里学习工作了三年”。短语逐步扩展，结构也越来越复杂。这种由三个或三个以上的词构成的、在结构上具有两个或两个以上层次的短语称为复杂短语。

为了准确地理解和把握短语的含义和结构层次，一般采用直观形象的框式图解法对复杂短语进行层次分析。框式图解法可以由大到小分析，一直分析到词为止；也可以由小到大分析，即由词的分析逐步扩展，一直分析到整个短语为止。这种分析语言结构层次和意义关系的方法称为“层次分析法”。由大到小的分析如：

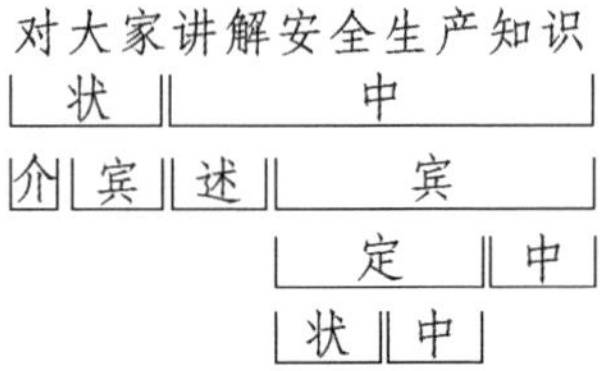

由小到大的分析如：

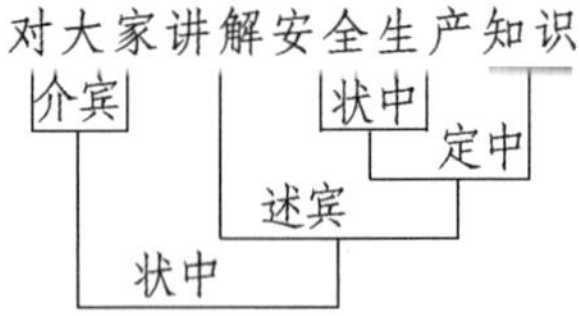

以上两种分析的结果是完全相同的，只是步骤不同，结果显

示的方式不同。由大到小的分析，第一次就分析出整个短语的最大结构关系，然后逐层分析到词与词的关系；由小到大的分析是先由词的关系开始分析，然后逐层扩展，直到最后才分析出整个短语的最大结构关系。下面用由大到小的分析方法对复杂短语进行举例分析。

①在家里休息了一天

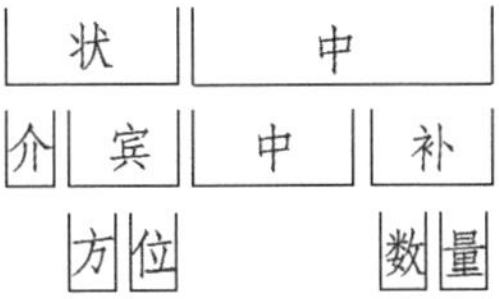

②把衣服挂在衣架上

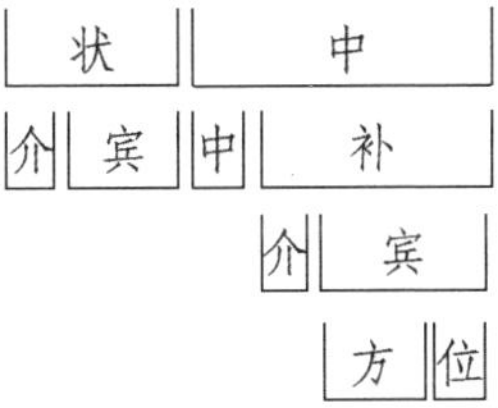

例①②是状中短语，中心语前面是状语，后面是补语，第一层先分析状中关系，第二层再分析中补关系。

③认真读完三本书

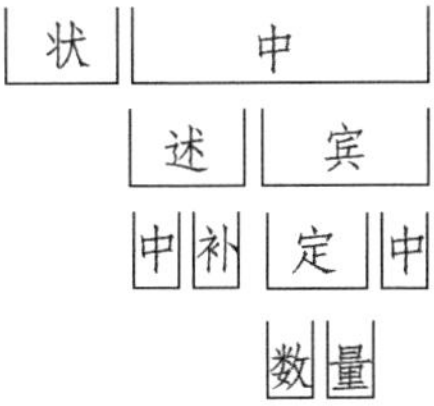

例③是状中短语，中心语前面是状语，后面是宾语，先分析状语，再分析宾语。

④ 高 兴 得 掉 下 眼 泪

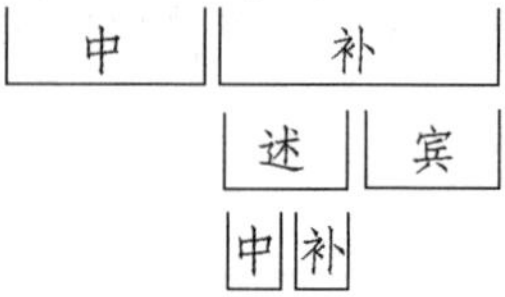

例④是中补短语，结构助词“得”附加在中心语上，无须单独分析。

⑤ 有 一 种 新 的 启 示 和 意 义

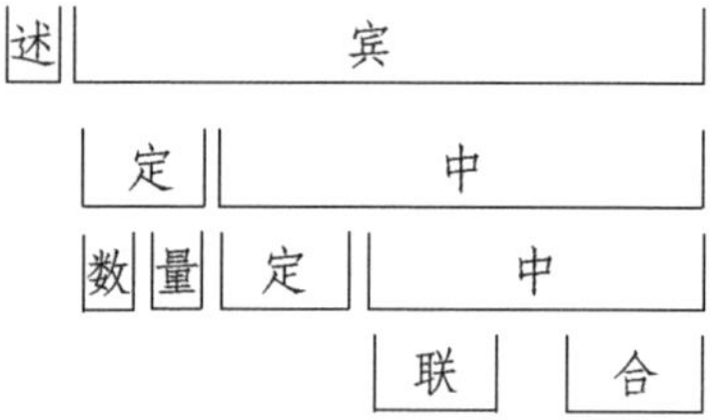

例⑤是述宾短语，宾语中心语由联合短语充当，中心语前面有两层定语，从左向右依次分析，先分析定语“一种”，再分析定语“新”，“的”无须单独分析。但有几种短语比较特殊，即“的”字短语、介词短语、“所”字短语、比况短语，这四种短语都是以虚词为一方，以实词为另一方构成的，虚词是这些短语的标志，所以在分析中要对虚词加以分析。多层状语也是从左向右依次分析，例如：

⑥ 看 电 影 的 马 上 在 教 室 前 集 合

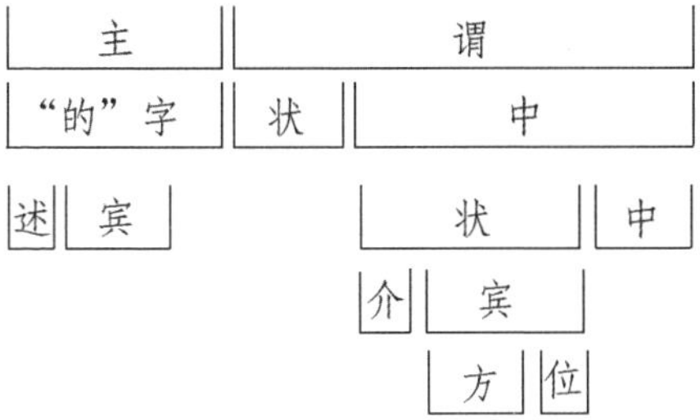

例⑥是主谓短语，谓语中心语是偏正短语，由左向右先分析状语“马上”，再分析状语“在教室前”。“的”字短语、介词短语和方位短语都占一个层次，切分出虚词“的”、介词和方位名词后，如果余下部分仍然是短语，还要再进一步分析。

⑦ 我 们 应 该 学 好 语 法 知 识

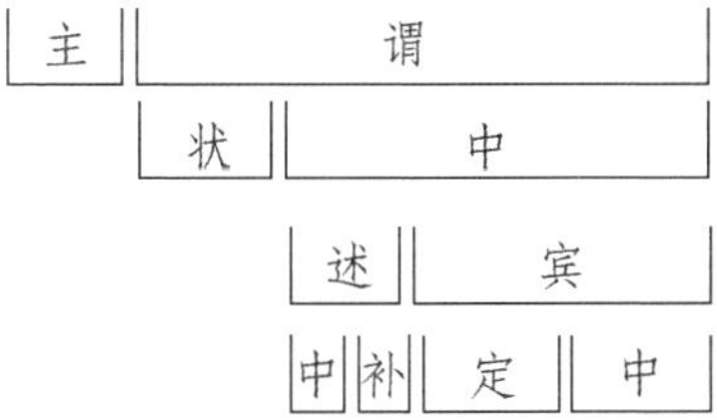

例⑦是主谓短语，应先分析主谓关系，再分析状中关系。

⑧ 给 我 一 支 钢 笔

例⑧是带双宾语的结构，双宾语需要切分两次，先分析远宾

语“一支钢笔”，再分析近宾语“我”。这里不能一次切分出两个宾语，因为两个宾语之间没有直接的语义关系。

⑨ 明 天 去 书 店 买 书

例⑨是状中短语，由连谓短语充当中心语。

⑩ 让 新 同 学 唱 一 支 歌

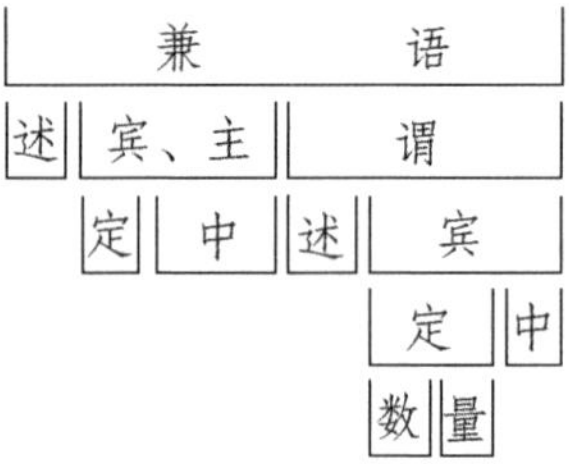

例⑩是兼语短语，分析时第一层标出兼语短语，第二层一次三分。因为兼语短语是一个述宾短语与一个主谓短语套叠而成的，述宾关系与主谓关系处于同一个层次上，即兼语成分“新同学”同时作“让”的宾语和“唱”的主语，如果按两个层次分析，就不能准确地反映兼语短语的特点。

五、短语的功能类型

从语法功能上看，短语既可以充当不同的句子成分，又可以在带上特定语调时单独成句。也有不能单独成句的，如

“所”字短语。根据功能的不同，短语可以分为名词性短语、动词性短语、形容词性短语三类。

（一）名词性短语

名词性短语的语法功能相当于名词，主要有名词或代词组成的联合短语（如“兄弟姐妹”）、名词为中心语的偏正短语（如“他的母亲”）、同位短语（如“作家老舍”）、方位短语（如“会场上”）、量词短语（如“一个”）、“的”字短语（如“骑自行车的”）、“所”字短语（如“所见”）。

名词性短语主要作主语、宾语、定语。例如：

①兄弟姐妹‖都在陕西工作。（作主语）

②对面‖来了一个骑自行车的。（作宾语）

③会场上的气氛‖很紧张。（作定语）

④作家老舍的著名剧作《茶馆》‖已经上演。（作定语）

（二）动词性短语

动词性短语的语法功能相当于动词，包括由动词组成的联合短语（如“生活工作”）、动词为中心语的偏正短语（如“昨天买回来”）、动词为中心语的中补短语（如“哭了一夜”）、述宾短语（如“喜欢游泳”）、连谓短语（如“扑过去抱住女儿”）、兼语短语（如“有个女儿叫小芹”）。

动词性短语主要作谓语或谓语中心语，也可以作定语、状语、补语。例如：

①三仙姑‖有个女儿叫小芹。(作谓语)

②小华‖最喜欢游泳。(作谓语中心语)

③黄老妈‖一头扑过去抱住女儿。(作谓语中心语)

④昨天买回来的书‖真好。(作定语)

⑤他‖一瘸一拐地走着。(作状语)

⑥徐菲‖伤心得哭了一夜。(作补语)

(三) 形容词性短语

形容词性短语的语法功能相当于形容词，包括形容词组成的联合短语（如“文静大方”）、形容词为中心语的偏正短语（如“非常珍贵”）、形容词为中心语的中补短语（如“漂亮极了”）、比况短语（如“地狱般的”）。

形容词性短语主要作谓语、定语、状语、补语。例如：

①这小姑娘‖文静大方。(作谓语)

②这‖是非常珍贵的历史资料。(作定语)

③队长‖十分详细地介绍了事情的经过。(作状语)

④先生的毛笔字‖写得漂亮极了。(作补语)

有少量短语不宜简单地归入上述某一类型，其功能具有多样性，如主谓短语、介词短语，应根据具体用法进行分析。

六、多义短语

大多数情况下，短语都有一个确定的含义，这种短语称为单义短语，如“高高的白杨树”“三个同学”“疼得叫起来”。

有的短语同时具有两个甚至多个含义，这种短语称为多义短语，如“进口小汽车”，可以表示小汽车是进口的，也可以表示进口了小汽车；又如“对厂长的意见”，可以表示对厂长所提出的意见，即厂长是意见的提出者，也可以表示意见是针对厂长的，即厂长是意见针对的对象。

多义短语是语言中比较常见的现象，如果不注意多义短语的表义特点，往往会形成歧义，产生误解，影响语言交际的正常进行。重视对多义短语的分析，能有效地提高语言的分析和运用能力。有一年全国高考语文试题中，就有一道多义短语的分析题，要求考生在两个多义短语的前面或后面添加一些词语，使多义短语的意义单一化。这道题意在考核考生对语言的理解分析能力和运用能力。这两个多义短语是“他的父亲要开刀”和“我要炒肉丝”。据统计，这一题的得分率很低，说明在中学语文教学中应进一步加强对学生的语言理解能力和分析能力的训练。

使用层次分析法有助于展示多义短语的结构层次和意义关系。下面就形成多义的几种情况进行说明。

（一）结构关系相同而层次不同

① 三 个 学 校 的 老 师

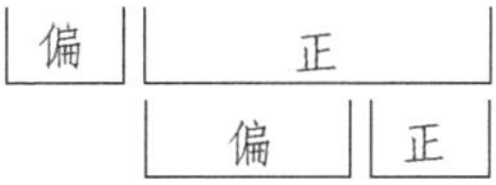

② 三 个 学 校 的 老 师

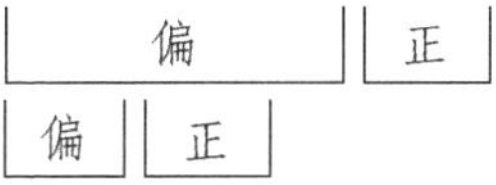

例①的分析表示老师只有三个，老师是属于学校的。例②的分析表示学校有三个，老师的人数不确定。

③ 新 职 工 宿 舍

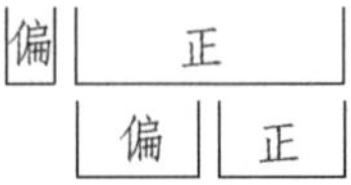

④ 新 职 工 宿 舍

例③表示“宿舍”是新的，例④表示“宿舍”是给新职工居住的。

（二）层次相同而结构关系不同

① 学 习 文 件

② 学 习 文 件

例①是述宾关系，表示学习什么。例②是偏正关系，表示什么性质的文件。

③ 炸 馒 头

④ 炸 馒 头

例③是述宾关系，表示炸什么。例④是偏正关系，表示馒头是炸的。

构成多义的原因是复杂的，除了结构关系和层次的不同以外，还可能由其他原因造成。有的多义短语是由词的多义性造成的，如“他买了许多菜”，可以理解为“买了许多蔬菜”，也可以理解为“买了许多炒菜”，因为“菜”是多义的；又如“房间没有锁”，可以理解为“房间里没有一把锁”，也可以理解为“房间的门没有锁上”，因为“锁”是多义的。有的多义现象是由于深层的语义关系不同造成的，如“鸡不吃了”，可以理解为“鸡不吃食了”，“鸡”是施事，也可以理解为“人不吃鸡了”，“鸡”是受事；又如“母亲的回忆”可以理解为“母亲对往事的回忆”，也可以理解为“回忆有关母亲的往事”。有的多义现象是由于语音停顿的不同造成的，如“你看/我干什么”，表示让别人看自己；“你看我/干什么”，表示不让对方看自己。

要使多义变成单义，可以借助多种方法来进行。下面是一些常用的方法：

第一种，变换格式或语序。例如，“看游泳的同学”，可以变为“同学看游泳”，表示同学看别人游泳；或变为“看正在游泳的同学”，表示同学游泳。又如，“两个山村的孩子”，可以变为“山村的两个孩子”，表示孩子是两个；或变为“孩子是两个山村的”，表示山村是两个。

第二种，增添实词或虚词。例如，“饭不热了”，可以变为“饭不太热了”，表示饭有些凉了；也可以变为“饭不用再热了”，表示饭不需要再加温。又如，“进口电器”，可以变为

“进口的电器”，表示电器是进口的；也可以变为“进口了电器”，表示电器从境外进口。再如，“借他五块钱”，可以变为“借给他五块钱”，表示他暂时得到了五块钱；也可以变为“向他借五块钱”，表示他将自己的五块钱借给别人使用。

第三种，变换词语。例如，“三个学校的老师”，可以变为“三所学校的老师”，表示学校有三个；也可以变为“三位学校的老师”，表示老师有三个。又如，“买了几种菜”，可以变为“买了几种蔬菜”，表示买来的菜是生的；也可以变为“买了几种炒菜”，表示买来的菜是熟的。

第四种，变换语音停顿。例如，“我说不好”，在念出时可以在结构内部稍作停顿，或利用拖腔，使不同的含义分离开来。在“我”后停顿，读作“我/说不好”，表示我不能把意思说得很好；在“说”后停顿，读作“我说/不好”，表示最好别让我说。又如，“你们三个一组”可以说成“你们/三个一组”，表示每三个人分成一个组；或在“个”后停顿，变为“你们三个/一组”，表示你们三个人分在一个组里。可见，停顿的地方不同，含义也会不同。

第五种，补充语境。在不改变语言结构的情况下，也可以通过语境的制约使意义单一化。例如，“他的父亲要开刀”，可以说成“他的父亲要开刀，因为父亲已经病重”，这里意为“父亲”是病人；也可以说成“他的父亲要开刀，父亲的医术很高明”，这里意为“父亲”是医生。这种方法并没有改变多义短语的结构，如果脱离了具体的语境，它仍然是多义的。

第四章　句子

一、什么是句子

句子是具有特定的语调、能够表达一个相对完整的意思的语言单位。句子由词或短语带上特定的语调构成。句末有较大的停顿，在书面上用句号、问号、叹号表示。例如：

①好！

②刮风了。

③你好吗？

④多好的人哪！

句子与词、短语的界限不在于结构的长短或复杂与否，也不在于结构类型的差异，因为一个句子可以短到只包含一个词，而一个短语有时倒可以很长，结构很复杂。它们的主要区别表现在使用上：词和短语是语言的静态单位，是句子的备用材料，只有带上特定语调，构成句子以后，才能直接参与交际；句子是语言的动态单位，带有特定语调，具有表述性，也就是与一定的语境相联系，可以单独地表达相对完整的意思，体现出说写者的思想、观点、感情、态度等。例如：

⑤好球

⑥打了一个好球。

⑦好球！

例⑤“好球”不带语调，仅仅是一个偏正短语。例⑥是一个陈述句，“好球”只是宾语的一部分。在这两种情况下，“好球”只是造句的材料，不能单独参与交际，所以不是句子。例⑦“好球”带上了感叹语调，直接与比赛现场相联系，独立地表达了说话人赞叹的意思和兴奋的心情，所以是句子。有些句子还有表达所需要的特殊成分，如插说、复说等，又有省略、倒装等不同的格局，或者一个词就是一个句子，如“好！”“请！”这些特点都是词和短语不具备的。还有复句，由几个分句构成，结构更复杂，这些都不同于词和短语。

二、句子成分

句子成分是句子的构成成分。句子由不同的语法单位逐层组合而成，根据这些单位间的语法关系，可以把它们分为不同的句子成分，有主语、谓语、述语、宾语、定语、状语、补语、独立语八种，还有一个表示主语、谓语、宾语等的核心成分的中心语。一个句子可以包含多种句子成分，这些成分之间除了意义关系以外，还有层次关系，它们并非处于同一个结构层次上。一个大的成分可以由更小的成分构成。以主谓句为例，第一层次上的成分只有两个：主语和谓语。主语可再分析出主语中心语和定语；谓语可再分析出谓语中心语和状语、补语，或者分析出述语和宾语。这些成分处于第二个层次或更小的层次上。运用层次分析法，既可以分析出句子的组成成分，又可以显示出句子结构的层次性。例如：

他的哥哥昨天下午买回来一台彩色电视机。

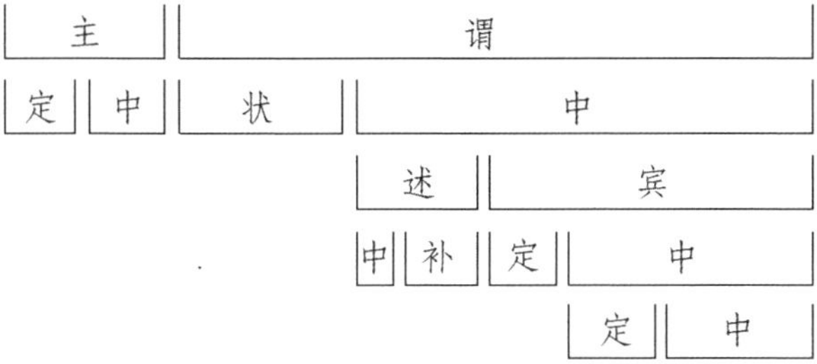

由于框式图解在操作上比较麻烦，人们普遍采用更为方便简洁的“符号标记法”来分析句子。这种方法规定了一些简易的符号来表示语法关系和句子成分。例如，用“‖”表示主谓关系，“|”表示述宾关系，“=”表示主语中心语，“—”表示谓语中心语和述语中心语，“﹏”表示宾语中心语，“（　）”表示定语，“［　］”表示状语，“〈　〉”表示补语，“△”表示独立语。用以上符号可以将句法分析表示如下：

听说，（他）的哥哥‖［昨天下午］买〈回来〉|（一台）（彩色）电视机。

需要注意的是，修饰语与中心语的关系具有相对性。例如，对补语“回来”而言，“买”是中心语，对状语“昨天下午”而言，“买回来”又成了中心语；对定语“彩色”而言，“电视机”是中心语，但对定语“一台”而言，“彩色电视机”又成了中心语。这正是句子结构层次性的体现。

分析句子，首先要熟悉各个句子成分的概念以及不同句子成分之间的关系。分析目的不同，要求不同。

一般来说，分析句子，在于搞清楚句子由哪些成分构成。如果句子成分由词充当，就分析到词；如果句子成分由短语充当，就分析到短语。例如：

①（征服沙漠）的（最主要）的武器‖是｜水。

此句的主语中心语由名词“武器”充当，述语由动词“是”充当，宾语由名词“水”充当。以上三个句子成分已分析到词。主语中心语前有两个定语，一个由述宾短语“征服沙漠”充当，一个由偏正短语“最主要”充当。这里所说的“述宾”“偏正”是句子成分内部的结构关系，而不是句子成分之间的结构关系。

层次分析法主张短语是可以整体充当句子成分的，如果将“征服沙漠”与“最主要”中的四个词分析为四个定语，就割裂了两个短语结构，破坏了句子成分的整体性。而且，“征服”“沙漠”“最”不能分别修饰后面的中心语“武器”，不能说“征服武器”“沙漠武器”“最武器”，这些组合是不成结构的。“征服沙漠”与“最主要”这两个短语已经是句子成分了，所以，不再做进一步分析。再如：

②你‖［不］相信｜我住在这个胆瓶里吗？

此句的主语由代词“你”充当，述语中心语由动词“相信”充当，述语中心语前有状语“不”。以上三个句子成分都是由词充当的。宾语由主谓短语“我住在这个胆瓶里”充当，宾语内部结构不再分析。如果需要弄清楚宾语的构成情况，可以离开句子做单独分析，这样分析的结果只是短语成分，不是句子成分。稍后讲到的“句子的结构分析”遵循的也是这一原则。这种分析方法严格区分了句子成分与非句子成分的界限，突显了句子结构的层次性，有助于更准确地理解句子和对句子正误的辨析，有利于总结句子的结构类型与结构规律，说明各种句型的表达作用。

如果分析句子旨在搞清楚所有构成单位的结构关系与结构层次，那么就可以采用前面介绍的层次分析法，逐层分析，直至每一个词。如果还需要对词的构成做分析，那么继续分析到语素都是可以的。

（一）主语　谓语

1．主语

主语和谓语是主谓句的两个直接成分，通常是主语在前，谓语在后，两者之间是陈述与被陈述的关系。主语是陈述对象，回答“谁”“什么”等问题。经常充当主语的是名词和名词性短语，数词、代词等也可以作主语。例如：

①梅雨潭‖是一个瀑布潭。（名词）

②八‖是一个很受欢迎的数字。（数词）

③他‖没有料到后面的路这么难走。（代词）

④今天‖该是十一月八日了吧？（时间名词）

⑤母亲和宏儿‖都睡着了。（联合短语）

⑥老马师傅‖真不简单哪！（同位短语）

⑦我们获得的‖是用血换来的宝贵经验。（“的”字短语）

谓词性成分也可以作主语。例如：

⑧笑‖比哭好。（动词）

⑨锻炼‖是永葆青春的良方。（动词）

⑩谦虚‖是一种美德。（形容词）

⑪批评与自我批评‖是帮助我们避免错误的最好办法。（联合短语）

⑫学习外语‖很重要。（述宾短语）

⑬身体健康‖是最大的财富。（主谓短语）

谓词性成分作主语，句子的谓语一般表示判断和描写。主语相对于谓语而存在，因此根据主语与谓语的语义关系，可以将主语分为施事主语、受事主语、关系主语三类。

（1）施事主语

主语是动作行为的发出者。例如：

①他‖感到十分苦闷、彷徨。（代词）

②全国各族人民的代表‖在这里共商国策。（偏正短语）

③这首歌曲‖把每个听众的心都打动了。（偏正短语）

（2）受事主语

主语是动作行为的承受者。例如：

①事情‖就这样定下来了。（名词）

②孩子‖已经被大学录取了。（名词）

③那几本小说‖昨天还给了图书馆。（偏正短语）

具有施事、受事主语的句子，其谓语中心语或述语中心语一般由表示动作的动词充当。

(3) 关系主语

主语是被描写、判断、说明的对象。例如：

①我所记得的故乡‖全不如此。(偏正短语)

②我们的前途‖无限光明。(偏正短语)

③我的家‖在东北松花江上。(偏正短语)

具有关系主语的句子，其谓语中心语多由形容词或形容词性短语充当，或由“是”“有”“在”“像”“成为”等非动作动词充当。

2. 谓语

谓语是对主语加以陈述的，一般在主语之后，回答“做什么”“是什么”“怎么样”等问题。谓语相对于主语而存在。经常充当谓语的是动词、形容词和动词性、形容词性的短语，少数代词也可以充当谓语。例如：

①春天‖来了。(动词)

②春天的脚步‖近了。(形容词)

③你的身体‖怎么样？(代词)

④大小的蝴蝶‖飞来飞去。(联合短语)

⑤这几件衣服‖既便宜又好看。(联合短语)

⑥杨丽萍的舞姿‖非常优美。(偏正短语)

⑦你‖不要把别人贬得一钱不值。(偏正短语)

⑧我‖认识这几个小伙子。(述宾短语)

⑨中国人民‖站起来了。(中补短语)

⑩那些书‖我还没有看完。(主谓短语)

⑪大家‖听了这个消息很高兴。(连谓短语)

⑫夜间，我们‖派出一支小部队袭入良村。(兼语短语)

动词性的或形容词性的成分可以比较自由地充当谓语，没有什么条件限制。但名词和名词性短语充当谓语是不自由的，有一定的条件限制。后者通常是说明日期、天气、节令或人的特点、籍贯、相貌等内容的。例如：

⑬明天‖国庆节。(名词)

⑭晚上‖大风。(偏正短语)

⑮小王‖黄头发。(偏正短语)

⑯你‖好大的胆子！(偏正短语)

⑰李师傅‖上海人。(偏正短语)

⑱这老汉‖七十八岁了。(数量短语)

(二) 述语　宾语

1. 述语

述语是由动词或动词性短语充当的支配、关涉宾语的成分。述语是针对宾语而言的，没有宾语，就没有述语。例如：

①人们的生存‖需要｜水、阳光、空气、粮食。(动词)

②荔枝‖也许是｜(世界上)(最鲜最美)的水

果。(动词)

③他‖没有告诉|你|(旁的)事情么?(动词)

④我‖主张|将我们全党的学习方法和学习制度改造一下。(动词)

⑤我们‖厌恶并抵制|(这种)(庸俗)的作风。(联合短语)

⑥他‖拣好了|几件东西:两条长桌,四个椅子,一副香炉和烛台。(中补短语)

⑦这象征纯洁与感情的花‖盖上了|(这位平常的、拖毛竹的青年人)的脸。(中补短语)

形容词不能带宾语。如果带上宾语,就变成动词,作述语。这种情况大多属于词的兼类现象。例如:

⑧太阳‖红了|(半边)脸。

⑨我们‖应该丰富|(自己)的(专业)知识。

⑩大家‖少了|(一位)(可亲可敬)的朋友。

2. 宾语

宾语是动作行为支配、关涉的对象,通常表示人或物。经常充当宾语的是名词或名词性短语。例如:

①我‖赞美|白杨树。(名词)

②我‖当然认识|他。(代词)

③应该对新事物采取|(谦虚、谨慎、严肃、认真)的态度。(偏正短语)

④这位老人‖就是|卓越的科学家竺可桢。(同

位短语）

⑤1932年秋天，我‖在上海英商汽车公司当｜卖票的。（“的”字短语）

谓词性成分也可以作宾语，但有一定的条件。一般情况下，述语中心语多为下列词语：

第一，判断动词“是”，如“最有效的方法‖是｜锻炼”“小刘突出的特点‖是｜勤奋、谦虚”“荔枝蜜的特点‖是｜成色纯、养分多”等。

第二，表示心理活动和感知意义的动词，如“我‖喜欢｜清静”“他‖觉得｜非常幸福”“小张‖希望｜考上大学”“我‖知道｜我们会赢”等。

第三，表示起始、进行意义的动词，如“我们‖开始｜学习”“大家‖继续｜前进”等。

第四，表示对待、处理意义的动词，如“学校‖予以｜奖励”“应该加以｜肯定”等。

根据宾语与述语中心语的意义关系，可以将宾语分为受事宾语、施事宾语、关系宾语三类。

（1）受事宾语

宾语是动作行为支配、关涉的对象。例如：

①他‖怀念着｜（久别）的故乡。

②我们‖访问了｜（这个）（风景如画）的山村。

③节日期间，人们‖都穿着｜（漂亮）的衣服。

（2）施事宾语

宾语是动作行为的发出者。例如：

①教室里‖坐满了|（听课）的同学们。

②远处‖突然出现了|（敌人）的骑兵。

③大门两边‖蹲着|（一对）石狮子。

(3) 关系宾语

关系宾语指施事、受事以外的跟述语有一定关系的宾语。带关系宾语的一般是表示判断、变化、存在等意义的非动作动词。例如：

①赵州桥‖是|（世界）（著名）的石拱桥。

②我国蚕业生产‖已有|（四千多年）的历史。

③这位老英雄‖叫|王德臣。

④万里江山‖变成了|（一个）（粉妆玉砌）的世界。

（三）定语与中心语

1. 定语的构成

名词性偏正结构中的修饰、限定成分是定语。在句子中，定语是主语中心语和宾语中心语前面的直接修饰成分。充当定语的主要有名词、动词、形容词、代词及大部分短语。例如：

①（何水生）的脸‖红得像喝了烧酒一样。

②渡河前我们‖做了|（周密）的准备。

③（那）（又浓又翠）的景象‖简直是|（一幅）（青绿）山水画。

④（这）（令人心醉）的歌声‖给｜我们（无比清新）的快感。

定语与中心语之间可以有“的”，也可以无“的”，至于要不要加“的”，往往受多种因素的影响。单音节名词、代词、形容词作定语时，往往不加“的”，如“大风”“我家”“美景”等。如果中心语是双音节词，定语是单音节词，一般为了韵律的整齐，定语后要加“的”，如“我的想法”“高的建筑”等。定语与中心语都是双音节词时，加不加“的”一般比较自由，如“学校纪律”“我们民族”“美丽校园”等，加上“的”时，修饰限定的意味更重一些。如果定语是名词、代词，中心语是动词、形容词，不加“的”会产生歧义时，则必须加“的”，前者如“孩子的学习”“他的谦虚”等，后者如“买的衣服”“做的家具”等，这些短语如果少了“的”，原来的偏正关系就变成了主谓关系或述宾关系。

2. 多层定语

对于中心语而言，其定语可以比较简单，也可以相当复杂，这种复杂性主要表现于两个方面：一是定语由复杂短语构成，本身结构复杂；二是定语较多，定语与中心语形成多个结构层次，即多层定语。所以在分析句子时，就会有定语个数的确定和层次的识别问题。例如：

①（我们单位）的（两位）（朝气蓬勃）的（年轻）人‖参加了｜（选拔）比赛。

例①的主语中心语“人”前有四个定语，形成四个结构层次。

②鲁迅‖是｜（在文化战线上，代表全民族的大

多数，向着敌人冲锋陷阵）的（最正确、最勇敢、最坚决、最忠实、最热忱）的（空前）的（民族）英雄。

例②的宾语中心语“英雄”前有四层定语，其中第一层定语“在文化战线上，代表全民族的大多数，向着敌人冲锋陷阵”是一个复杂的偏正短语，第二层定语“最正确、最勇敢、最坚决、最忠实、最热忱”由联合短语充当，第三层定语是“空前”，第四层定语是“民族”。

多层定语的每个定语之间没有直接的语义联系和结构上的组合关系，所以分析时，不能将多个定语笼统地捏合在一起，而应该一个一个地分别标示出来。

在定中结构中，定语有联合式定语、叠加式定语和递加式定语三种表现模式。

第一种联合式定语，如“命运‖总是眷顾|（乐观、豁达、有毅力）的人”，一个定语由联合短语“乐观、豁达、有毅力”充当。

第二种叠加式定语，如“（她那件穿旧了的黑呢子大衣）的袖口‖已经磨破了”，主语中心语前的定语由偏正短语“她那件穿旧了的黑呢子大衣”充当，其中“她”“那件”“穿旧了”“黑呢子”四层定语叠加修饰中心语“大衣”。

第三种递加式定语，如“这‖是|（一个）（令人难忘）的（寒冷）的夜”，宾语中心语“夜”前有三个定语“一个”“令人难忘”“寒冷”，定语与中心语构成三个结构层次。

以上三种定语模式，只有递加式定语属于多层定语，因为这种定语对中心语来说在结构上具有多个层次。在结构较为复杂的句子中，以上三种定语模式有时会综合出现。

多层定语的排列顺序既有规律性，又有一定的灵活性。

大致的排列次序是归属、数量、状态、性质。有时不注意顺序，就可能产生歧义和误解，进而影响交际，如“两位爸爸的朋友”在一般情况下就容易让人误解为有两个爸爸，宜调整为“爸爸的两位朋友”。

确定定语的个数，应遵循两个原则：一是结构原则，二是意义原则。

结构原则指划分出来的各项定语必须是结构完整的语义单位。不管是词还是短语，都能够单独与中心语构成偏正关系。如果短语能整体充当定语，则应尽量保持短语的完整性。例如，“（一件）（非常漂亮）的（红）裙子”是一个具有多层定语的偏正短语。在这个短语中，多层定语是逐层修饰中心语的，并且对于多层定语来说，中心语是相对而言的。第一层定语是“一件”，修饰中心语“非常漂亮的红裙子”；第二层定语是“非常漂亮”，修饰中心语“红裙子”；第三层定语是“红”，修饰中心语“裙子”。其中的“一件”和“非常漂亮”都是短语整体作定语的。

意义原则指分析的结果能够正确地反映原意。例如，“深绿色的潭水”的中心语“潭水”前只能是一个定语，因为“深”是修饰“绿色”的，表示颜色很深；“深”并不修饰“潭水”，如果划分为两个定语，则表示潭水深且绿（此时“深”需要加“的”），这就不符合短语的原意了。

（四）状语与中心语

1. 状语的构成

动词性、形容词性偏正短语中的修饰成分是状语，在句子中，状语是谓语中心语、述语中心语前面的直接修饰成分。大多数实词及短语都可作状语。常作状语的有副词、形容词、能愿动词、表示时间和处所的名词、部分代词等。例如：

①这里的景色‖［非常］美。

②老人‖［已经］休息了。

③我‖［能］去旅游吗？

④老王‖［1942 年］参加｜革命。

⑤你‖［怎么］来啦？

经常作状语的短语有介词短语、量词短语、联合短语、偏正短语等。例如：

⑥同学们‖［在大礼堂里］表演｜节目。

⑦小赵‖［被大家］选为｜班长。

⑧李师傅‖［一年］干了｜两年的活。

⑨我们‖［要］［严肃认真］地对待｜这件事。

⑩他‖［非常诚恳］地邀请大家去。

时间名词与处所名词具有双重性质，既具有时地性，又具有事物性。在句子中，时地名词经常作状语，如“昨天我来到南京”“五月三日我们去九寨沟旅游”“这个城市我有许多老朋友”，这些例子中的“昨大”“五月三日”“这个城市”表示动作行为发生的时间及事物存在的地点，这体现了时地名词的时地性。时地名词又可以作主语，如“昨天是五一节”“五月三日是值得纪念的日子”“这个城市有非常雄伟的建筑”，在上面的例子中，“昨天”“五月三日”“这个城市”是主语，它们是被说明的对象，这体现了时地名词的事物性。

状语往往具有外在的形式标志——结构助词“地”，但“地”的使用不是强制性的，用与不用受多种因素的影响。一般来说，单音节状语与中心语之间不需要使用“地”，如“很热烈”“太难受”；时间名词及能愿动词都可以直接修饰中心语，如“明天开始”“可以出发”；方位短语、介词短语作状语都不必带“地”，如“操场上有很多跑步的人”“对新生严格要求”。状语后用“地”往往具有突出状语内容的作用，如“认真学习”与“认真地学习”，后者更强调“认真”的特点。

2．多层状语

同多层定语一样，状语也会出现比较复杂的情况，即中心语前面有多层状语。例如：

①水生‖［却］［松松爽爽］［同他］［一路］出去了。

②这个人的逝世，‖［对于欧美战斗的无产阶级］、［对于历史科学］［都］是｜不可估量的损失。

③我们不少人‖［就是］［在这种暗无天日的岁月中］［颠沛流离，含辛茹苦］地度过了｜大半生。

④他的研究成果，‖［在今天以至今后］，［都］［会］［在生产斗争和科学实验中］［长久］地放出｜光彩。

状语常规的位置有两个：一个是在谓语中心语之前，主语之后；另一个是在句首。例如：

⑤［前天］，［在威海市的陶家夼］，我‖［又］

看到｜一派更令人喜爱的秋色。

⑥［四点半以后］，［当晨光初显的时候］，水门汀路上和巷子里，‖［已］［被这些赤脚的乡下姑娘］挤满了。

有的状语本身虽然复杂，但并不属于多层状语，如“他‖［非常仔细认真］地做好了一切准备工作”，“非常仔细认真”为偏正短语作状语；又如“小李‖［轻松愉快］地回答了我的提问”，“轻松愉快”为联合短语作状语。也有不同类型的状语错综组合的情况，如“［立春过后］，大地‖［渐渐］［从沉睡中］苏醒过来”。多层状语的排列顺序不太固定，哪个在前，哪个在后，要依据表意的需要和逻辑关系而定，其大致的规律为：时间＞处所＞范围＞情状＞对象（＞表示“先于”）。有时顺序不同，会使意义发生很大的变化，如“不太了解”与“太不了解”，“不能来吗”与“能不来吗”，“只对你说一句话”与“对你只说一句话”，几个例子中状语的顺序不同，意义完全不同。所以，在语言表达中，多层状语的顺序问题是应该留意的。

多层状语的分析，也如多层定语的分析那样，应遵循结构原则与意义原则逐层分析，不能将多层状语做一次性切分。

（五）补语与中心语

补语是谓词性结构中对中心语起补充说明作用的成分，其位置在中心语之后。充当补语的主要是谓词性成分、介词短语、数量短语和部分程度副词。

1. 补语的类别

补语根据其作用可以分为结果补语、程度补语、状态补语、趋向补语、数量补语、时间处所补语、可能补语等类型。

（1）结果补语

表示动作行为产生的结果，常由形容词和部分动词及其组成的短语充当。例如：

①孩子们‖把房间打扫〈干净〉了。

②小李的发言‖打〈破〉了|（会场）的（沉闷）气氛。

③哥哥‖把明天进城的事安排〈妥当〉了。

④连日来，暖和得如同三月小阳春的气候，‖骤然变得〈冷起来〉了。

（2）程度补语

表示性质达到极点或很高的程度，常由“极、很、透、坏、死、慌”等词和部分短语充当。例如：

①老张‖对村里的家家户户熟悉〈极〉了。

②敌人‖狡猾得〈很〉。

③这个家伙‖坏〈透〉了。

④真把他高兴〈死〉了。

⑤小草‖青得〈逼你的眼〉。

⑥老人‖激动得〈泪流满面〉。

能带程度补语的主要是形容词、表心理活动的动词。

(3) 状态补语

用来说明或描写动作行为的状态。一般由谓词性成分构成，中心语后都带结构助词“得”。例如：

①形势‖变得〈非常快〉。

②玫瑰花‖开得〈太好看〉了。

③我们‖跑得〈上气不接下气〉。

口语中也用“个”“得个”来表示状态补语。例如：

④我军‖把敌人打得个〈落花流水〉。

⑤夜晚，这里的狗‖叫个〈不停〉。

状态补语有时还可以省去，如“看把你难受得!”“把我气得!”此时带有无须或无法形容的意味，常用于感叹和夸张。

(4) 趋向补语

由趋向动词充当的表示动作方向或变化趋势的补语。例如：

①林兵‖慢慢地走〈下〉楼梯。

②这么多的字‖怎样造〈出来〉呢?

③汽车‖从蜿蜒的盘山公路上开〈下来〉了。

复合趋向动词作补语时，宾语的位置有两种情况：一种是宾语夹在趋向补语中间，如“走进教室来”“跳上车去”“拿出一件衣服来”。一种是宾语可在补语前，也可在补语后，位置比较灵活，如“掏出三块钱”“掏出来三块钱”“掏三块钱出来”。但处所宾语位置比较固定，一般只能夹在趋向补语中间，如“走过桥来”“跑出教室去”，宾语“桥”“教室”只能有一个位置。

复合趋向动词“起来”“下去”用在动词、形容词后，有时并不表示方向，而是表示动作或状态的开始或持续，如“干起来”“说下去”“红起来”等。

（5）数量补语

从数量方面来补充说明谓语中心语。例如：

①这部电影‖我已经看了〈两遍〉了。

②我们‖在这座美丽的山城住了〈三十年〉。

数量补语包括动量补语与时量补语两种。动量补语是表示动作次数的，量词为动量词，如“来一次”“打一顿”“买三回”等；时量补语是表示时间长短的，如“住了两个月”“学了一年”“躺了一会儿”等。表示时间的数量补语，表示的是时段，即说明时间的长短。

（6）时间、处所补语

补充说明动作行为发生的时间或处所。这类补语一般由介词短语充当。例如：

①中华人民共和国‖成立〈于1949年10月1日〉。

②鲁迅‖生〈于1881年〉。

③我们‖生活〈在一个开辟人类新历史的光辉时代〉。

④红军‖奔〈向海陆丰〉。

时间补语与表示时间的数量补语不同，时间补语表示时点，即某一个特定的时间。时点不同于时段，表示时段的补语为数量补语。

(7) 可能补语

表示动作行为能不能实现。一般用"得""不得"充当，还可以在补语前加"得""不"，表示可能或不可能。例如：

①这种伤天害理的事情‖做〈不得〉。

②你说，这东西‖看〈得〉看〈不得〉？

③我们‖抬〈得起〉这块大石头吗？抬〈不起〉！

可能补语与状态补语在形式上有相同之处，但表意不同。可能补语表示动作能否实现或有没有出现某种状态的可能性；状态补语仅仅是对性状的描写。结合具体的上下文，这一点可以看得很清楚。二者的否定形式不同，以"看得清楚"为例：如果是可能补语的话，其否定形式是"看不清楚"；如果是状态补语的话，其否定形式是"看得不清楚"。

充当补语中心语的主要是动词、形容词、述宾短语等谓词性成分。

2. 补语与宾语的区分

(1) 补语与宾语的顺序

补语与宾语的位置都在动词之后，应注意区分。两个成分的排列顺序主要有以下四种情况：

第一种，动—补—宾。这是最常见的排列顺序。例如：

①阿Q‖在赵太爷家舂了〈一天〉｜米。

②山楂树上‖缀〈满〉了｜一颗颗红玛瑙似的果子。

③他‖突然说〈出来〉|一句让大家吃惊的话。

第二种，动—宾—补。这种排列中的补语多由趋向动词、数量短语充当。例如：

④赵家的狗‖何以看|我〈两眼〉呢？

⑤我‖已经等|你〈三天〉了。

⑥小王‖慢悠悠地掏|三块钱〈出来〉。

第三种，动—宾—补—宾。这是双宾语之间出现补语。例如：

⑦他‖送过|我〈两次〉东西。

⑧你‖通知|他〈一下〉开会的事。

上面的补语多是由动量词组成的数量短语。如果是物量词，则数量短语充当定语。例如：

⑨他‖送过|我（两包）东西。

⑩请你通知|他（一件）（重要）的事情。

例⑨的“两包”和例⑩的“一件”都是宾语中心语前的定语。

第四种，动—补—宾—补。这种排序中，合成趋向动词一分为二，分别置于处所宾语或对象宾语的前后。例如：

⑪李大爷‖心事重重地走〈进〉|屋里〈来〉。

⑫知道|跟这个装神弄鬼的娘说〈不出〉|（什么）道理〈来〉。

（2）补语与宾语的识别

第一，利用提问的方式识别。补语是补充说明谓语中心语“怎么样”的，宾语是动词关涉的对象，回答“谁”“什么”的问题。例如：

①我‖已经写|信了。

②我‖已经写〈完〉了。

例①的“信”是宾语，回答“写什么”的问题。例②的“完”是补语，回答“写得怎么样”的问题。

第二，利用词性识别。补语常由谓词性成分充当，宾语常由名词性成分充当；如果谓词性成分充当宾语，通常要求述语是表示心理活动、表示感知、表示开始或结束、表示对待处理之类的词或短语。例如：

③他‖正在思考|问题。（名词　宾语）

④他‖思考得〈周密〉。（形容词　补语）

⑤我们‖感到|很愉快。（偏正短语　宾语）

⑥我们‖玩得〈很愉快〉。（偏正短语　补语）

第三，利用结构形式识别。如果动词后面有处所名词，则处所名词作宾语，如“来上海”“住学校”“坐车”等。如果动词后面是介词短语，则介词短语作补语，如“来自上海”“住在学校”“坐在车上”等。

第四，利用句式转换和量词的性质识别。动词后面的成分如果能用介词“把”提前，一般是宾语，不能提前的是补语。例如，“吃饭了”可以说成“把饭吃了”，“饭”是宾语；“吃完了”则不能说成“把完吃了”，“完”是补语。

动词后面有数量短语时，数量短语可能是宾语，也可能是补语。如果是物量词，则数量短语作宾语，如“买三斤”

“看两本”等；如果是动量词，则数量短语作补语，如“买三次”“看两遍”等。同时也可以通过“把”字提前的方法鉴别。可以说“把三斤买了”“把两本看了”，但不能说“把三次买了”“把两遍看了”，所以“三斤”“两本”是宾语，“三次”“两遍”是补语。

结构助词“得”是补语的标志，但“得”有时只是一个构词语素，如“觉得、值得、舍得、获得、赢得、取得、显得”等合成词。这些词往往带谓词性宾语，应注意与结构助词“得”的区别。

（六）独立语

独立语是比较特殊的句子成分，它独立于那些相互对应、相互依赖的成分，又是句子表意不可或缺的一部分。从表意作用看，独立语可以分为插入语、称呼语、感叹语、拟声语四种。

1. 插入语

插入语可以表示多种附带的意思，使句意表达得更加充分严密。

（1）引起对方注意的。例如：

①你想，黄鼠狼‖给鸡拜年，能安好心吗？

②你瞧，这孩子‖多可爱呀！

③这几天，大家晓得，［在昆明］出现了｜历史上最卑劣最无耻的事情！

这类插入语经常由“你看、你瞧、你们看、大家知道、大家晓得、请看、请注意”等语词充当。

（2）表示推测估计的。例如：

①看样子，他们‖对你和小俞并不太注意。

②今天到会的，‖少说一点，也有三千人。

③当你看到静静的夜空中闪烁着寒光的小星星的时候，说不定还会把它们当作萤火虫呢。

④看起来，汉王朝在阴山一带的战略部署，‖至少有三道防线。

这一类插入语常由“看起来、看样子、说不定、充其量、少说一点”等语词充当，意指说话人对表达的内容不十分确定，口气比较委婉。

（3）表示说话的态度和角度的。例如：

①如果二十来个字母都认不得，请恕我直言，那么，化学‖也大抵学不好的。

②不瞒你说，我‖并没有把这当回事。

③在马克思看来，科学‖是一种在历史上起推动作用的、革命的力量。

④但是一般地说来，过迟的损失‖较之过早为大。

这类插入语经常由“请恕我直言、不客气地说、不瞒你说、老实说、一般地说、在某某看来”等语词充当。

（4）表示肯定或强调语气的。例如：

①很明显，没有高度发展的科学文化，就很难在现代社会立足。

②不用说，他‖会在你需要的时候向你伸出援助之手。

③毫无疑问，我们‖应该将工作的重点转移到经济建设上来。

④各级干部，特别是担任主要领导工作的干部，‖都应该懂得一些本部门的专门知识。

这类插入语经常由“毫无疑问、十分明显、不可否认、不用说、尤其是、特别是”等语词充当。

（5）表示消息来源或依据的。例如：

①据说，这‖就是梅雨潭之所以得名了。

②听说，杭州西湖上的雷峰塔‖倒掉了。

③S会馆里有三间屋，相传是往昔曾在院子里的槐树上缢死过一个女人的。

这类插入语经常由“据说、听说、相传、据了解”等语词充当。

（6）表示注释、补充和举例的。例如：

①两年前的此时，即一九三一年的二月七日夜或八日晨，‖是我们的五个青年作家同时遇害的时候。

②每一个干部，包括高级领导干部，‖都应该是人民的勤务员。

③有些鸟，例如啄木鸟，‖是人类的朋友。

这类插入语经常由“即……、包括……、例如……、正如……”等语词构成。

(7) 表示总括或承上启下的。例如：

①总之，我‖觉得他是一个不肯出风头、十分安分守己的人。

②总而言之，白蛇娘娘‖终于中了法海的计策，被装在一个小小的钵盂里了。

③由此可见，问题‖并不那么简单。

这类插入语通常由“总之、总而言之、由此可见、反之、此外”等语词充当。

(8) 表示意想不到、出乎意料的。例如：

①谁料到他会如此绝情！

②谁料一向健健康康的二叔竟然一病不起了！

③不成想，听完儿子这番话后，她心里暖暖的。

这类插入语通常由“谁料、谁料到、谁能料到、谁知、不想、不成想”等语词充当。

2. 称呼语

称呼语的作用是用来招呼对方，引起对方的注意或增强感情色彩。称呼语一般指人，有时也可以把物当人一样呼唤。它通常出现在句首，也可以出现于句中或句末。例如：

①孔乙己，你脸上‖又添上新伤疤了。

②朋友们，当你听到这英雄事迹的时候，你的感觉‖如何呢？

③井冈山的毛竹，你‖是革命的竹子！

④银杏，我‖不知道你为什么又叫公孙树。

⑤真正的原因，‖柯里亚，是我想认真读点书。

⑥你说，我这个体验‖对吗，同志？

3．感叹语

感叹语由表示感叹、惊讶、应答之类的词语充当，位置一般在句首，有时也可出现于句末。例如：

①哎哟，你们‖嚷什么？

②阿阿，你‖不知道他力气多么大呀。

③咦，你‖怎么还没走呢？

④想得倒不错，哼。

⑤她的命运‖太悲惨了，唉。

⑥嗯，我‖已经知道这件事了。

⑦好，我们‖一块走吧。

4．拟声语

拟声语由拟声词充当，摹拟事物的声音，以获得如闻其声的表达效果。例如：

①咯噔，车把‖断了。

②嘀嗒嘀嗒，钟表‖不知疲倦地走着。

独立语的使用比较复杂。有时，它是对某个句子成分的说明，如“我们的教师，特别是中小学教师，工作是很辛苦的”，插入语“特别是中小学教师”是对主语的说明。有时，它是针对全句的说明，如“看样子，他又要搞什么鬼把戏了”，插入语“看样子”是对全句意思的推测估计。独立语在句中通常只出现一处，有时则可能会出现两三处，例如：

①老张，你想，我‖怎么能干出损人利己的事情来呢？

②哎呀，老张同志，听说你的研究成果‖获奖啦！

例①有两处独立语，“老张”是称呼语，“你想”是表示引起注意的插入语。例②有三处独立语，“哎呀”是感叹语，“老张同志”是称呼语，“听说”是表示消息来源的插入语。

独立语的形式比较多，应注意与其他句子成分的辨析。

独立语之后通常要有停顿，否则容易引起句子结构和成分的变化。例如，“班长，我回来了”一句中，“班长”是称呼语；如果没有停顿，直接表述为“班长我回来了”，就会出现歧义，可能指“我”对班长说“我”回来了，也可能是同位短语“班长我”作主语，“我”成了班长，句子中就没有称呼语了。又如，“轰隆隆，几声巨响震得山摇地动”一句中，“轰隆隆”是拟声语；如果没有停顿，“轰隆隆”就成为“几声巨响”的定语，不再是独立语了。

另外，引起对方注意的独立语与主语不同。例如，“你看，那毛竹做的扁担，多么结实”一句中，“你看”是插入语，其作用只是引起对方的注意，这里“你”不是主语，不是陈述说明的对象，“看”也不是述语。又如，“井冈山的毛竹，你‖是｜（革命）的竹子！”一句中，“井冈山的毛竹”是称呼语，把竹子当人一样呼唤，“你”是全句主语；如果去掉“你”，变为“井冈山的毛竹，是革命的竹子！”句子中就没有称呼语了，“井冈山的毛竹”成了全句主语。再如，“少说一点”可以作表示推测、估计的插入语，如“现在的气温，少说一点，也有40摄氏度了！”但换一句话，“少说一点，‖行吗？”在这句话中，“少说一点”成了全句的主语，是谓语“行”判断的对象。此外，“少说一点”在这句话中也没有了推测、估计的意思，不再是独立成分了。

还需注意的是，插入语不同于状语。例如，“从历史看，党八股是对五四运动的一个反动”一句中，“从历史看”是表示说话角度的插入语，而不是状语。独立语不修饰哪个成分，也不与哪个成分发生结构关系，只是一种补足语意的说明。又如，“队长‖［不客气］地说，｜他的行为简直就是犯罪！”一句中，“不客气地说”作述语，“不客气”修饰述语中心语“说”，作状语。把句子变一下，“不客气地说，（他）的行为‖［简直］［就］是｜犯罪！”这里的“不客气地说”只是表示说话的态度，所以是插入语。状语有修饰和限定作用，并且有明确的修饰和限定的对象。这是二者的差别。判断是否为独立语，要结合具体的语境和上下文，根据其表意作用加以判断。

三、句子分析

（一）句子的结构分析

句子结构分析是运用语法知识，对句子结构进行细致剖析的一种方法。通过结构分析，我们可以了解句子各个成分是由什么词或短语充当，能够辨析出成分之间的结构关系和结构层次，总结出句子的结构功能、结构类型和各种句型的表达作用。这样可以更准确地理解句子，提高辨析句子正误的能力和分析语言、运用语言的能力。下面我们采用比较简单方便的“符号标记法”来分析句子，通过举例对析句中应注意的一些问题加以说明。

①［这时候］最热闹的，‖［要］数｜树上的蝉声与水里的蛙声。

例①的主语由“的”字短语充当，宾语中心语由联合短语充当，状语是“这时候”，这里不需要分析出联合短语内部的定语“树上”“水里”。

②（我）的祖母‖［曾经］［常常］［对我］说，｜白蛇娘娘就被压在这塔底下。

③你‖［不］相信｜我住在这个胆瓶里吗？

例②③的宾语都由主谓短语充当，不需要再分析主谓短语的内部结构。

④她‖教〈给〉了｜我｜生产知识和革命的

意志。

例④是双宾句。近宾语由代词“我”充当，远宾语由联合短语充当，联合短语内的定语不需标出。

⑤她‖对穷苦农民的同情和对为富不仁者的反感却更加强烈了。

（她）对穷苦农民的同情和对为富不仁者的反感‖［却］［更加］强烈了。

例⑤有两种分析方式。按照第一种分析，句子是主谓谓语句，“她”是陈述的对象，作主语，谓语由主谓短语整体充当。按照第二种分析，“她”是定语，主语中心语由联合短语充当，谓语是“却更加强烈了”，它所陈述的对象是“同情”和“反感”，而不是“她”，所以“她”不能分析为主语。这两种分析方式体现了对句子的不同理解。不过，第一种分析似乎更合理一些，因为从句子所表达的意义看，主要在于说明“她”在性格品质上的突出特点，“她”应该是谓语陈述的对象。

⑥（这个）女人‖［便］走〈到远一点的地方〉坐〈下来〉。

例⑥是连谓句。连谓短语作谓语时，习惯的做法是进一步分析出连谓短语内部的各个组成成分。

⑦李大妈‖有（个）儿子［正在］上大学。

例⑦是兼语句，由兼语短语作谓语，“儿子”是兼语成分。

⑧他‖［把我］逼得〈走投无路〉了。

⑨林红‖［被卫兵］［用一扇门板］抬了〈出去〉。

例⑧是“把”字句，由“把”组成的介词短语作状语。例⑨是“被”字句，由“被”组成的介词短语作状语。

⑩总理呵，您‖知道不知道，｜他们不让我完成您给的任务。

例⑩的独立语“总理呵”不与其他成分发生结构关系，所以不进入某一个结构层次。述语由联合短语整体充当。

⑪（现在）的大青山，‖树木不多。

⑫（这些）（自然）现象‖我国古代劳动人民称它为物候。

例⑪⑫是主谓谓语句。主谓短语整体充当谓语，内部结构不需再分析。

⑬山脚下‖一片广阔的平原。

例⑬是名词性谓语句。主语由方位短语充当，谓语由名词性短语整体充当。

⑭树林里‖［突然］窜〈出〉（一只）老虎〈来〉。

例⑭是存现句。句首的方位短语作主语，宾语为施事宾语。宾语前后各有一个补语。

⑮（一个）（意志坚定）的（很有穿山走林经验）的人。

例⑮是非主谓句，由名词性短语构成，中心语前有三个定语。

有的单句较长，结构复杂，分析时应注意句子成分的整体性。例如：

⑯这‖［就］意味着，｜一切今天没有的，明天就可能有；一切没有达到的，明天就会达到！

例⑯的宾语比较复杂，由联合短语充当。

⑰有无认真的自我批评，‖［也］是｜（我们和其他政党互相区别的显著的标志）之一。

例⑰的主语是一个述宾短语，宾语中心语“之一”前有偏正短语充当的定语。

⑱母亲沉痛的三言两语的诉说以及我亲眼见到的许多不平事实，‖启发了｜（我幼年时期反抗压迫追求光明）的思想。

例⑱的主语由联合短语整体充当，短语内部的多层定语不必分析。宾语中心语“思想”的定语由主谓短语充当。

⑲那些耍猴子的凤阳人、跑江湖扎纸花的石门人，那些摇着串上铜钱的冬青树枝的乞丐，以及号称从五台山、峨眉山下来化缘的行脚僧人‖［不］见了。

例⑲的主语比较复杂，由联合短语整体充当。

⑳［那个时候］，人们‖［对一身灰布制服，一件本色的粗毛线衣，或者自己打的一副手套、一双草鞋］，［都］［很］有｜感情。

例⑳有比较复杂的状语，介词短语“对……”较长，应避免把这一状语拆散作为多个状语分析。

㉑（白求恩同志）（毫不利己专门利人）的精神，‖表现〈在他对工作的极端的负责任，对同志对人民的极端的热忱〉。

例㉑的补语由一个比较复杂的介词短语“在……”充当。

（二）句子的语义分析

句子是句法结构与语义内容的统一体，对句子不仅要做形式分析，还应该做语义分析。将形式与意义结合起来，才能够对句子做出更科学合理的解释，使分析更具有实用性。李临定先生指出：“既然意义和形式关系如此密切，而意义又是起决定作用的，我们在语法分析中就应该把二者结合起来，充分考虑‘意义’在语法分析中的作用，给它一个应有的地位。在语法分析中‘冷淡’意义，恐怕是一种不那么聪明的态度。”（《以语义为基础的分析方法》，《语法研究与探索》六）例如，“干完了活儿”在结构上是述宾关系，但有不同的含义。它既可以指“活儿”完了，没有活儿了；也可以指“干”的动作行为结束了，不干了。这种含义的不同，是由于补语“完”的语义指向不同造成的：如果“完”的语义指向“活儿”，是活儿完了；如果指向“干”，则是“干”的行为结束了。所以仅仅分析句子的表层结构是不够的，还应该分析深层的语义关系。又如，动词后面之所以可以带助词“了”“着”“过”，是因为动词所表示的动作行为有动态的区别。再如，副词“很”可以与形容词“勇敢”组合成“很勇敢”，但不能与“勇气”组合，是因为形容词“勇敢”有［+程度］的语义特征，“很”是表示程度的副词，因此可以组合；而“勇气”没有这一特征，因而不能与“很”组合。这些就是语义的制约。

下面介绍三种常见的语义分析方法。

1．语义关系分析

语义关系是指隐藏在句法结构后面的词语之间的各种意义关系。语义关系与句法关系不同，例如“客人已经走完了”与“信已经写好了”，句法结构相同，都是主谓结构，但是主语“客人”与“走”是“施事—动作”的语义关系，而主语“信”与“写”是“结果—动作”的语义关系。这说明，句法关系与语义关系是不同的。

句法关系和语义关系并不是一一对应的。一种句法关系可能包含几种不同的语义关系，而一种语义关系也可以存在于不同的句法关系中。例如，“大家吃了”和“水果吃了”都具有主谓关系，但前者具有“施事—动作”的语义关系，后者具有“受事—动作”的语义关系；又如，“客人来了”具有主谓关系，“来客人了”具有述宾关系，但“客人”和“来”都具有“施事—动作”的语义关系。主语不等于施事，宾语也不等于受事。语义关系体现在句法结构中的词语与词语之间。

（1）动词与名词的语义关系

动词可以分为动作动词和非动作动词两类。动作动词是表示动作行为的动词，它与名词所构成的常见的语义关系有：

a．施事与动作　施事是指动作行为的发出者。例如，“大雁飞”中，“大雁”和“飞”之间存在“施事—动作”的语义关系，其他如“他说”“狗咬”“大家休息”等都属此类。

b. 受事与动作　受事是指动作行为的承受者。例如，“打篮球”中，“打”和“篮球”之间存在“动作—受事”的语义关系，其他如“吃饭”“买书”“学英语”等都属此类。

c. 与事与动作　与事是指动作行为的参与者。例如，“送我礼物”中，“送”和“我”之间存在“动作—与事”的语义关系，其他如“还我钱”“告诉他真相”“奖小刘一台电脑”等都属此类。

d. 结果与动作　结果是指动作行为所产生的结果。例如，“画油画”中，“画”和“油画”之间存在“动作—结果”的语义关系，其他如“挖井”“剪窗花”“做衣服”等都属此类。

e. 工具与动作　工具是指动作行为所凭借的工具。例如，“用大碗吃”中，“大碗”和“吃”之间存在“工具—动作”的语义关系，其他如“坐公交车”“晒太阳”“发射火箭”等都属此类。

f. 材料与动作　材料是指动作行为凭借的材料。例如，“用小米熬”中，“小米”和“熬”之间存在“材料—动作”的语义关系，其他如“涂颜料”“加油”“贴窗花”等都属此类。

g. 时间与动作　时间是指动作行为所关涉的时间。例如，“明天来”中，“明天”和“来”之间存在“时间—动作”的语义关系，其他如“晚上看电影”“晨练”“三个月后再检查”等都属此类。

h. 处所与动作　处所是指动作行为所关涉的处所。例如，“办公室谈”中，“办公室”和“谈”之间存在“处所—动作”的语义关系，其他如“西安见”“屋里坐”“野外生存”等都属此类。

非动作动词是不表示动作行为的动词。和非动作动词相关联的语义成分主要有两种：一种是当事，一种是客事。当事在句中充当主语，客事在句中充当宾语。非动作动词与名词所构成的常见的语义关系有：

a. 当事与判断或客事与判断　例如，“他是一名医生”中，“他”与“是”之间存在“当事—判断”的语义关系，“是”和“一名医生”之间存在“判断—客事”的语义关系。

b. 当事与领有或客事与领有　例如，“老张有一辆自行车”中，“老张”和“有”之间存在“当事—领有”的语义关系，“有”和“一辆自行车”之间存在“领有—客事”的语义关系。

c. 处所与存在或客事与存在　例如，“房间里有人”中，“房间里”和“有”之间存在“处所—存在”的语义关系，“有”和“人”之间存在“存在—客事”的语义关系。

（2）形容词与名词的语义关系

形容词表示性状特征，它和名词所构成的语义关系主要有下列三种：

a. 具事与性状　具事是指具有形容词所描述的性状特征的事物。例如，“环境优美”中，“环境”和“优美”之间存在“具事—性状”的语义关系。

b. 基准与性状　基准是指与形容词所描述的性状特征进行比较的基点。例如，“比天高”中，“天”和“高”之间存在

“基准—性状”的语义关系。

c. 对事与性状 对事是指形容词所描述的性状特征所针对的事物。例如，“对朋友好”中，“朋友”和“好”之间存在“对事—性状”的语义关系。

(3) 名词与名词的语义关系

名词和名词之间也存在一定的语义关系。常见的语义关系有：

a. 领属关系 例如，“爸爸的汽车”中，“爸爸”是“汽车”的领有者，“爸爸”和“汽车”之间存在领属关系，其他如“我的办公室”“祖国的山河”“小鸟的巢”等都属此类。

b. 隶属关系 例如，“狐狸的尾巴”中，“尾巴”是“狐狸”的组成部分，“狐狸”和“尾巴”之间存在隶属关系，其他如“大象的鼻子”“我的头发”等都属此类。

c. 时间关系 例如，“过去的战争”中，“过去”表示“战争”的时间，“过去”和“战争”之间存在时间关系，其他如“昨天的事情”“未来的前景”等都属此类。

d. 处所关系 例如，“山上的风景”中，“山上”表示“风景”的处所，“山上”和“风景”之间存在处所关系，其他如“家里的摆设”“书架上的书”“地下室的光线”等都属此类。

e. 质料关系 例如，“貂皮大衣”中，大衣由貂皮制作，“大衣”和“貂皮”之间存在质料关系，其他如“丝绸制品”“天鹅绒幕布”“象牙塔”等都属此类。

f. 比喻关系 例如，“历史的车轮”中，“历史”用“车轮”来比喻，“历史”和“车轮”之间存在比喻关系，其他如

“希望的田野”“理想的翅膀”“铁的纪律”等都属此类。

（4）语义关系分析的作用

分析语义关系，对于理解和认识句法结构，具有非常重要的作用。

第一，它能够帮助我们认识句法结构所反映的客观现实或现象。仅仅了解句法关系，还不足以认识句法结构反映了什么样的客观现实或现象，只有明确了其中的语义关系，才能真正理解句法结构所描述的客观现实或现象。例如：

①我已经买了。

②菜已经买了。

例①和例②都具有主谓关系，但反映的是两种不同的客观现象，我们之所以能加以区分，是因为例①的主语“我”和谓语动词“买”之间存在“施事—动作”的语义关系，例②的主语“菜”和谓语动词“买”之间存在“受事—动作”的语义关系。不理解这种语义关系上的差异，我们将无从理解它们为什么会反映两种不同的客观现象。

第二，它能够帮助我们分析出相同句法结构所隐含的歧义。有些句子，句法结构分析只有一种，即只能分析出一种结构层次、一种句法关系，但在意义上却有多种理解方式。例如，“张校长‖通知了”和“事情‖办得好”这两句只能分析成主谓结构，却都有歧义。造成歧义的原因，是由于语义关系不同：第一例中，“张校长”和“通知”之间既可能存在“施事—动作”的语义关系，也可能存在“受事—动作”的语义关系；第二例中，“事情”和“好”之间既可能存在“动作—状态”的语义关系，也可能存在“动作—可能”的语义关系。通过语义关系分析，我们能清楚地了解其中的歧义和导致歧义的原因。

2. 语义指向分析

语义指向是指句法结构中的某一成分与其他成分发生语义上的联系。例如，状语的句法功能是对中心语的修饰限制，但在语义上可能与多种成分有联系：

①姐姐热情地沏了一杯茶。

②姐姐浓浓地沏了一杯茶。

③姐姐刚刚沏了一杯茶。

例①的状语“热情”的句法功能是修饰谓语中心语“沏”的，但在语义上却指向主语“姐姐”，即“姐姐沏茶+姐姐热情”。例②的状语“浓浓”的语义指向了宾语“茶”，即“姐姐沏茶+茶浓”。例③的状语“刚刚”的语义指向中心语“沏”，表示沏茶的时间近，即“姐姐沏茶+刚刚沏的”。

“指”和“项”这两个概念可以用来准确地解释词在句法结构中的语义指向。“指”是语义联系的方向，可以是单指的，也可以是多指的。“项”指能与某一个词在语义上发生联系的成分，可以是单项的，也可以是多项的。例如，副词“只”是一个后指多项副词，其语义指向有一定的选择性。当谓语是动宾短语时，“只”的语义首先指向宾语，如“我只买了苹果”，“只”的语义指向“苹果”，表示苹果之外，没有买其他水果。当宾语是偏正短语时，“只”的语义首先指向修饰语，如“我只买了红富士苹果”，“只”的语义指向“红富士”，表示苹果的品种。当宾语中心语前有几重修饰语时，“只”的语义首先指向最外层的修饰语，如“我只买了三斤红富士苹果”，“只”的语义指向“三斤”，表示买的多少。这种语义指向在口语中可以根据说话人表达重心的不同，通过逻辑重音加以调整。上例“我只买了三斤红富士苹果”，如果将重音放在“红富士”上，就表示没有买其他品种的苹果；如果将重音放在“三斤”上，表示只是买了“三斤”，没有多买。语义指向分析的重点是揭示没有直接句法组合关系的成分之间的语义联系，即非直接成分之间的语义联系。下面对几种句法成分的语义指向加以分析。

（1）状语的语义指向分析

a. 指向后面的中心语。例如“咱们明天见”，状语“明天”的语义指向中心语“见”，说明见面的时间。又如“你怎么来的?”，状语“怎么”的语义指向中心语“来”，询问来的方式。

b. 指向前面的主语。例如“果子一筐一筐地堆成了小山”，状语“一筐一筐”的语义指向主语“果子”，说明果子之多。又如“我们要批判地继承古代文化遗产”，状语“批判”的语义指向主语“我们”，说明主语采取怎样的继承方式。

c. 指向后面的宾语。例如“他在信的末尾整整齐齐地写上问候的话”，状语“整整齐齐”的语义指向宾语“话”，表示所写的话很整齐。又如“他向连长非常规范地行了一个军礼”，状语“非常规范”的语义指向宾语“军礼”，说明军礼很规范。

d. 指向介词所介引的对象。例如“小孩把玩具乱七八糟地扔了一地”，状语“乱七八糟”的语义指向“玩具”，说玩具乱七八糟。又如“他们把奖状高高地挂在墙上”，状语“高高”的语义指向“奖状”，说明奖状的位置高。

如果中心语前有不止一个状语，这些状语的语义指向可能一致，也可能不一致。前者如“他拼命地向前挤”，两个状语“拼命”“向前”的语义都是指向主语“他”的。后者如“队长多次严厉地批评他”，状语“多次”的语义指向中心语“批评”，说明批评的次数多，其语义关系是“队长批评 + 批评了多次”；状语“严厉”的语义指向主语“队长”，说明队长的态度严厉，其语义关系是“队长批评 + 队长严厉”。

（2）补语的语义指向分析

a. 指向谓语中心语。例如“大家吃罢了饭”，补语“罢”的语义指向中心语“吃”，表示“吃”这一动作完结了。又如“请你走慢点，别着急”，补语“慢”的语义指向中心语“走”。

b. 指向主语。例如“大家走累了，歇会儿”，补语“累”的语义指向主语“大家”，其语义关系是“大家走 + 大家累了”。又如“几个人都吃饱了饭”，补语“饱”的语义指向主语“几个人”，其语义关系是“人吃饭 + 人饱了”。

c. 指向宾语。例如“几个人吃光了饭”，补语“光”的语义指向宾语“饭”，其语义关系是“人吃饭 + 饭光了”。又如“大家吃完了所有的馒头”，补语“完”的语义指向宾语“馒头”，其语义关系是“大家吃馒头 + 馒头完了”。

d. 指向介词引介的对象。例如“几个人把饭吃光了”，补语“光”的语义指向介词宾语“饭”，说明饭光了。又如“小张把自行车骑坏了”，补语“坏”的语义指向介词宾语

“自行车”，说明自行车坏了。

（3）定语的语义指向分析

a. 指向后面的中心语。例如“他们村里出了三个百岁老人”，定语“三个”“百岁”的语义都是指向中心语“老人”的。又如“他是非常优秀的青年”，定语“非常优秀”的语义指向中心语“青年”，说明青年怎么样。

b. 指向前面的主语。例如“大家度过了一个难忘的夜晚”，定语“难忘”的语义指向主语“大家”。又如“我们作了一次坦诚的谈话”，定语“坦诚”的语义指向主语“我们”。

有时，词语的语义指向并不单一，可能会同时指向不同的对象。例如“和我们来往的朋友也是老老实实的贫苦农民”，定语“老老实实”的语义既指向主语“朋友”，也指向宾语“农民”。又如“小勇成了一名优秀的战士”，定语“优秀”同时指向主语“小勇”和宾语“战士”。这一类句子中的谓语中心语一般都是表示判断、成为之类意义的动词，其主语与宾语指同一类人或物。

语义的指向往往会受到词语意义的制约。例如“大家吃完了馒头”，补语“完”的语义可以指向中心语“吃”，表示吃的动作结束了，也可以指向宾语“馒头”，表示馒头没有了。但是如果是“大家吃完了所有的馒头”，则“完”的语义只能指向宾语“馒头”，因为有定语“所有”的修饰，“完”就只能针对所有的馒头而言，表示馒头完了。又如：

①奶奶给我们讲了一个美丽的故事。

②奶奶给我们讲了一个伤心的故事。

例①的“美丽”在语义上只能修饰“故事”，不能修饰其他成分，所以其语义指向是单一的。例②的“伤心”在语义上不能修饰“故事”，伤心的只能是“奶奶”和“我们”，所以其语义指向主语和介词的宾语。

（4）语义指向分析的作用

语义指向分析可以合理解释句子成分间的关系。例如：

①我们终于战胜了敌人。

②我们终于战败了敌人。

例①的补语“胜”的语义指向主语“我们”，意为我们胜了。例②的补语“败”的语义指向宾语“敌人”，意为敌人败了。这里“胜”与“败”是一对反义词，用在同一个句法结构的同一个位置，表示的意义居然没有分别，其根本原因就在于补语的语义指向不同。

语义指向分析可以使人们对句意的理解更深入全面。例如，“我做错了数学题”在不同的语言环境中，有不同的表义功能。如果补语“错”的语义指向主语“我”，表示“我”错了，其适应的语言环境可以是别人都做对了，只有“我”做错了。如果补语“错”的语义指向谓语中心语“做”，可以表示“我”的思路或理解是对的，但是做的过程中出现错误。如果补语“错”的语义指向宾语“数学题”，其适应的语言环境可以是语文题做对了，而数学题做错了。

3．语义特征分析

语义特征是词语对组合关系具有某种选择性的区别特征。

词与词在组合时既受语法的限制，又受语义的限制，这种限制就使词与词在组合时具有选择性。有些词在组合时能互相适应，就可以组合；否则，就不能组合。这就是词的语义特征的具体表现。例如，能与动词“洗”组合的受事词语应该具有［＋形体］［＋较小］这样的语义特征，因此“衣服”“被褥”“身体”等词可以与“洗”组合，而“空气”“云雾”“哲学”等不具有上述特征的词不能与“洗”组合。又如，能与动词“享受”搭配的受事词语应该具备［＋可感］［＋满足］的语义特征，因此可以说“享受阳光”“享受生活”“享受母爱”等，这是因为“阳光”“生活”“母爱”等词都是人能感受到的，又是能令人感到愉快和满足的，而“思想”“道德”“痛苦”“垃圾”等词要么没有可感性，要么不能使人获得满足，所以都不能与“享受”搭配。再如，能够与助词“着”搭配的动词应该具备［＋持续］的语义特征，因此“走、跑、睡、说、劳动、讨论”等词后面都可以加“着”，而“死、毕业、结束、起来、打倒、明白”等词，表示短时间内完成的动作行为，不能延长和持续，所以后面不能加“着”。复如，现代汉语的名词一般不受程度副词的修饰，但是人们可以说“他们战斗在最前线”“老人走在最后面”“生活在最底层”。上述例子中的名词“前线”“后面”“底层”都受程度副词“最”的修饰，这是因为它们都具有［＋方位］的语义特征，而方位有前后上下的区别，前后上下又有程度上的差别，所以可以受程度副词修饰；没有［＋方位］语义特征的词，如“学校”“国家”“马路”“办公室”等不能受程度副词的修饰。同样，程度副词“很”一般不修饰名词，但有下列说法：

①她显得很青春。

②这幢住宅楼很现代。

③他长着一张很中国的脸。

④他很绅士地对大家点点头。

⑤这人表现得很阿Q。

上述说法中，名词“青春”“现代”“中国”“绅士”“阿Q”都受程度副词“很”的修饰。可以看出，能进入“很+NP”格式的名词在语义上都有共同的特点，即所表示的人或物在某一方面具有突出的特点，所以在提到具有该特点的人或物时，直接用非常简练的“很+NP”的形式表达。

语义特征分析可以解释句子能否成立的原因。词语的搭配要受语义特征的制约，句式的选择同样会受到语义的制约。例如，谓词性成分后面可以加动态助词“了”，表示动态，而名词性成分后面通常不能加“了”。但我们有下列说法：

⑥已经中学生了，还这么淘气！

⑦几年不见，已经大姑娘了。

⑧都老夫老妻了，还照什么像！

⑨都21世纪了，还那么守旧！

“NP+了”句式的表义特征是说明情况不同于原来，已经发生了新的变化。在结构上，“NP+了”一般不单独出现，前后往往会出现与说话人预期相对立的句子作为对比，以突出所要表达的意思。能进入“NP+了”句式的NP必须具备［+推移性］的语义特征，即NP所表示的概念是由与其相关的其他概念推移而来的，其中隐含着一个发展变化的过程。上例中的“中学生”“大姑娘”“老夫老妻”“21世纪”分别是由“小学生”“小姑娘”“年轻夫妻”“20世纪”推移变化而来的。“桌子”“婴儿”“女孩”等词不具有［+推移性］的语义特征，就不能进入“NP+了”句式，所以不能说“桌子了”“婴儿了”“女孩了”。

语义特征分析有助于人们判断句子的正误。例如，“参加学习的人数提高了很多”是一个有语法错误的句子，一般的解释是主谓搭配不当，但为什么搭配不当，往往缺少准确细致的说明。从语义特征的角度看，能够与名词“人数”搭配的动词，必须具备［+增减］的语义特征，而“提高”的语义特征是［+高低］，所以应该将“提高”换为“增加”。

语义特征分析可以比较合理地解释歧义现象形成的原因。例如，“倒了一杯茶”的意思可以是“倒$_a$掉了一杯茶”，也可以是“倒$_b$上了一杯茶”，句意的不同是因为“倒”在两句中的语义特征不同。“倒$_a$”具有［+去掉］的语义特征，“倒$_b$”具有［+获得］的语义特征。

词的语义特征对句法结构会产生一定的影响，因此分析句子时，为了深入地揭示相关的语法规律，就应该注重对语义特征的分析，不能仅仅满足于对语言结构的分析。例如，“屋里放着办公桌”与“屋里演着文艺节目”，二者都是存现句，词语序列相同，结构层次与结构关系一致，但是变换式不同：

⑩屋里放着办公桌→办公桌放在屋里
　　　　　　　　　*屋里正在放办公桌

⑪屋里演着文艺节目→*文艺节目演在屋里
　　　　　　　　　　屋里正在演文艺节目

在同类结构中，可以替换“放”的动词有“坐、站、躺、挂、贴、写、戴”等，如“屋里坐着客人”“门口站着一个人”，这些动词与“放”具有相同的变换式；在同类结构中，可以替换“演”的动词有“跳、敲、唱、哼、炒、学”等，如“台上跳着芭蕾舞”“街上敲着锣鼓”，这些动词与“演”具有相同的变换式。通过比较分析，可以看出两组动词具有不同的语义特征：前一类动词有［+附着］的语义特征，即含有“附着于某物”的意思；后一类动词不具有［+附着］的语义特征。可见，因为语义特征的不同，具有相同语法关系的这两个句子实际上是存在着差异的。

（三）句子的动态分析

句子结构分析，是针对句子本身结构进行成分分析，指出各个成分由什么词语充当，成分之间的意义关系和结构层次是什么，并依据句子的特点归纳出句型，找出句子结构的规律性。这种分析属于对句子结构所进行的静态分析。

当代语法研究已不再满足于对句子进行孤立的抽象分析，主张语法分析应该是多角度、多层面的。例如，要求把句子放在交际的过程中观察，看语境对句子的语义和结构产生什么影响，使句子发生什么变化，等等。语法、语义、语用是语言的三个互相联系的平面，采用静态分析与动态分析相结合的方法，应该将对三者的分析结合起来，即结合语言的使用来分析句子。语法指句子的结构方式和成分之间的结构关系、层次关系；语义指句子的含义、成分之间的意义关系和特点等；语用指使用语言的情况，如根据说话的意图和侧重点选择不同的表达方式，包括结构的变化、句子的省略、成分的移位、语气的转换，同时也会考虑语境对语言的制约、不同的表达方式在效果上的差异等。

任何语法规则、格式都是为了语用需要而产生的。语用不同往往决定了句子结构方式的不同和语义关系的变化。例如：

①风吹开了门。

②风把门吹开了。

③门被风吹开了。

从语义关系上看，上述三个句子具有一致性，“风”是施事，“门”是受事，“吹”是动作行为，“开”是结果，但是从语用上看，三个句子有明显的不同。例①是一般的动词带宾主谓句，属于对客观现象的叙述。例②是“把”字句，突出了处置的意思，表达的重点是风吹门出现了什么结果。例③是“被”字句，突出了遭受义，强调了门被怎么样了。在“把”字句中，施事“风”是主语，受事“门”是状语的组成部分；在“被”字句中，受事“门”成了主语，施事“风”成了状语的一部分。这三个句子结构不同，但有互相变换的关系，随着说话目的、意图的不同，可以做相应的变换和调整。

句式之间的变换要受到不同条件的限制。有时动词的不同小类会造成变换的差异。例如：

④他把老人请进屋 → 他请老人进屋

⑤他把老人扶进屋 → 他扶老人进屋

例④与例⑤都是“把”字句，变换形式似乎相同，其实深层的语义关系是不同的。例④为“他请老人＋老人进屋”，例⑤

为“他扶老人+老人与他一同进屋”，所以例④的变换式为兼语式，例⑤的变换式为兼语与连谓融合式。造成变换式不同的原因是，例④的动词“请”具有［-陪同］的语义特征，例⑤的动词“扶”具有［+陪同］的语义特征。

有时名词的不同小类也会造成变换的不同。复引例④如下：

④他把老人请进屋 → 他请老人进屋

⑥他把树栽在路旁 → *他栽树在路旁

例④的“把”字后的名词是表示人的，例⑥的“把”字后的名词是表示物的，二者的语义不同造成变换形式的不同。

有时句子的结构不同，所表达的重心也不同。例如：

⑦（这棵）（大）树‖枝叶十分繁茂。

⑧（这棵大树）的枝叶‖［十分］繁茂。

例⑦⑧的句子成分与句型都不同。例⑦是主谓谓语句，“这棵大树”是主语，“枝叶十分繁茂”是谓语，“这棵”和“大”是两个定语。例⑧的主语是“这棵大树的枝叶”，谓语是“十分繁茂”，“这棵大树”是一个定语。二者所陈述的重心不同：例⑦陈述的重心是“大树”如何，例⑧陈述的重心是“枝叶”如何。这种句型和表意的差别，是由结构助词“的”引起的。

⑨我‖［不］认识|（什么）人。

⑩我‖什么人都不认识。

例⑨是一般带宾语的动词谓语句，语义比较平淡自然。例⑩是主谓谓语句，将“什么人”放在动词前，强调了认识的人非常少。根据表达需要，这两个句子在结构上可以互相转换。

⑪起来，‖（饥寒交迫）的奴隶！

⑫（饥寒交迫）的奴隶，‖起来！

例⑪是主谓倒置句，属于变式句，突出强调了谓语“起来”，使意思的表达充满了力度，具有强劲的号召力。例⑫是常规的动词谓语句，在语用上比较自然平实。

⑬我‖［要］写〈下〉｜（我）的悔恨和悲哀，［为子君，为自己］。

⑭但偶然看到地面，［却］盘旋着｜（一匹）（小小）的动物，（瘦弱的，半死的，满身灰土的）……。

例⑬⑭是两个变式句。例⑬的两个状语“为子君，为自己”打破了常规的排列顺序，由谓语中心语之前移至句末，突出地表现了写的目的——为谁而写。例⑭的定语“瘦弱的，半死的，满身灰土的”移至宾语中心语之后，强调了动物令人心酸的惨状，这正是作者所要表达的重点内容，也是句子的语用所在。

句子结构或成分的变换，有助于对句子成分的对比分析，如“休息了一天”与“买了三个”，动词后面的数量短语是补语还是宾语，可以借助能否用“把”字将其提前的方法来识别。能用“把”字提前的是宾语，否则是补语。因此，我们可以说“把三个都买了”，但不能说“把一天都休息了”，所以“三个”是宾语，“一天”是补语。结构的变换是以语义的联系为基础的。

语法分析应该有一种动态的观念，把句子看作是永远处于变化过程中的语言交际单位。在语言交际中，或为了适应特定的语言环境，或为了使语言更加简洁明快，或为了使表达更加得体，或为了强调突出某个意思，人们往往对句子结构做相应的调整。这种调整常常表现为移位、省略、插说、追补等。

1. 移位

汉语的语序比较固定，句子成分的排列是有一定顺序的，通常是主语在前，谓语在后，或者定语、状语在前，中心语在后。我们把这种按常规排列成分的句子称为常式句。有时，为了表意的需要，故意变动排列顺序，不按常规排列成分，这种句子称为变式句。变式句是由句子成分的移位形成的。改变句子常规语序，但句法结构和语义关系基本不变的现象称为移位。移位也称倒装。移位的情况有主谓移位、定中移位、状中移位、述宾移位、中补移位等。

（1）主语与谓语的移位，即将主语置于谓语之后。主谓移位的目的，一是为了强调谓语的内容，二是在急迫的情况下先说出谓语，因为谓语对表意通常更重要。例如：

①起来，‖不愿做奴隶的人们！

②多好看哪，‖这满树的梨花！

③快走吧，‖你们。

④为什么要桌出去呢，‖你这死鬼！

⑤疯了，‖你？

主谓移位常见于感叹句、祈使句、疑问句中。移位以后，主谓之间要有停顿，书面上用逗号表示。

（2）定语与中心语的移位，即为了突出定语的内容，将定语置于中心语之后。例如：

①她‖今天穿了件新衬衫，（非常时兴的那种）。

②他们‖应该有新的生活，（为我们所未经生活过的）。

③小草‖偷偷地从土里钻出来，（嫩嫩的，绿绿的）。

例①②的后置定语修饰宾语中心语，例③的后置定语修饰主语中心语。

（3）状语与中心语的移位，即将状语置于中心语之后。例如：

①你‖犯错误了，［又］?

②两个人‖曾经恋爱过，［五年前］。

③春雨‖又下起来了，［淅淅沥沥地］。

④海‖在我们脚下沉吟着，［诗人一般］。

状语后置以后，突出强调了状语的内容，也使句子显得更加简洁紧凑。

（4）述语与宾语的移位，即将宾语置于述语之前。例如：

①今后天气不会再那么热了，我以为。

②下个月回一趟老家，我准备。

③“你应该再试一下。”大家都这么鼓励说。

宾语前移以后，突出了宾语的内容，后面的主谓成分带有补充说明的意思，使句子在表达上更委婉一些。

（5）补语与中心语的移位，即将补语置于中心语之前。

例如：

①心都快跳出来了，我吓得。

②都不知道说什么了，她激动得。

补语前移以后，使补语的内容显得更为突出。

口语中的移位现象不但多，而且类型也比较复杂，大多是急于将最主要的信息先说出来，再说出次要信息；或者因时间紧迫，不能表达得很周密，在主要内容说出之后，再将一些必要的内容随后说出。书面语中则多是为了突出强调某些内容的语用效果而调整语序的。

除了单句以外，复句中分句的顺序也可以打破常规，加以调整，如“缺乏艺术性的艺术品是没有力量的，无论政治上怎样进步”是将表示条件的分句调至后面，又如“起义之所以没有成功，是因为受历史条件的限制”是将表原因的分句后置。变动语序的目的，是为了强调后置分句的内容，同时也能使句子的意思表达得委婉多姿一些。

2．省略

为了使语言简洁明快，在一定的语言环境中，省略一些不说自明的成分，这样的句子称为省略句。省略的成分在必要时可以明确地补出来。

（1）省略的类型

根据省略出现的语言环境，可以将省略分为对话省、承前省、蒙后省、自述省。

a．对话省　在对话中，语言环境是十分确定的，人物、时间、地点等不说自明，所以常常省略一些不必交代的句子成分。例如：

①问：V‖去哪里？

答：V‖V｜教室。

②问：你‖吃过｜饭了吗？

答：V‖没有V｜V。

用V表示省略的成分。例①的问话中省略了主语，回答中省略了主语、述语，只出现了宾语“教室”。例②的回答中省略了主语、述语、宾语，只出现了状语“没有”。

b. 承前省 即相关成分已在前文中出现，因而下文省去不说。例如：

③他‖大约只是觉得苦，V‖却又形容不出｜V。

④老栓‖看看灯笼，V‖已经熄了。

⑤大家的怒气‖仿佛忽然找到了出路，V‖都瞪着祥子的后影。

⑥小芹‖去洗衣服，马上青年们也都去洗｜V。

以上四例都是承前省略。例③的后一分句承前省略了主语和宾语，例④承前一分句的宾语而省略了主语，例⑤承前一分句的定语而省略了主语，例⑥承前省略了宾语。

c. 蒙后省 即相关成分要在下文中出现，因而在上文中加以省略。例如：

⑦V‖从陈伊玲家出来，苏林教授走得特别快。

⑧V‖看完了这第一封信也是最后的一封信，道静的眼泪反而停止不流了。

以上两例是蒙后省。例⑦的前一分句蒙后省略了主语“苏林教授”，例⑧的前一分句蒙后省略了主语“道静”。承前省与蒙后省主要出现于复句中。

d. 自述省 说话人在写信、写日记、写总结、写体会及发言稿时，常将主语“我”省去。例如：

⑨今天在街上遇到老同学李海，非常高兴。（日记）

⑩应邀出席这次盛会，十分荣幸！（发言）

⑪下乡体验生活三个多月了，收获不小。（总结）

语言中的省略现象很多，这是使语言精练简洁的重要手段。但是，省略是以表意的准确畅达为前提的，省略以后，必须表意明确，不会产生歧义和误解，否则不宜省略。

（2）省略的成分

a. 省略主语 主语的省略是最常见的。例如：

①我把主要精力用于教学，V也时常写些诗。

②太阳出来了，V照得满院暖洋洋的。

③V得知他病重的消息，我很吃惊。

④V回来了，你怎么连一声招呼也不打？

例①②是承前省略了主语，例③④蒙后省略了主语。

b. 省略谓语 谓语的省略主要出现于对话中，还有一些祈使句也常常省略谓语。例如：

⑤“你去哪里？”——“V图书馆。”

⑥“谁愿意报名参加？”——“我V！”

⑦“你什么时候走?”——“马上V!”

⑧大家都走了，你快点儿V吧!

c. 省略宾语　宾语的省略也比较常见。例如：

⑨看到其他小朋友打乒乓球，他也想打V。

⑩你敢爬上这棵树，我也敢爬V!

d. 省略修饰语　定语、状语、补语都有省略的现象，但以定语的省略较常见。例如：

⑪他的父亲去了上海，(　　)妈妈还在老家。

⑫老王的年纪不小了，(　　)身子骨却很硬朗。

⑬“你明天去哪里?”——“[　　]去西安。”

⑭“你敢跳下去吗?”——“敢跳〈　　〉!”

省略句是语言交际中出现的动态变化形式，它与静态时的常规形式不同，其变化对语言环境有很大的依赖性。在具体的交际环境中，省略了相关成分以后，句子会变得简洁而不会产生误解或歧义。省略句中省略的成分可以很明确地补出来，补出来以后，基本意思与省略时的句意相同。

3. 插说与追补

在说话的过程中，突然想起了其他事情，将其所想插入句子中，这种表达方式称为插说。插说的内容一般要有形式上的标记。在口语中，前后要有一定的语音停顿，在书面语中，这种停顿常用逗号、括号、破折号表示。例如：

表示评论的，如“这个道理，并不算高深的道理，我现在还没有弄明白”。

表示注释的，如“圣诞和新年餐桌上的名菜——鹅肝、牡蛎、冰淇淋蛋糕，最为畅销”与“中国猿人（全名为‘中国猿人北京种’或简称‘北京人’）在我国的发现，是对古人类学的一个重大贡献”。

表示补充的，如“希腊人荷马——我们姑且当作有这样一个人——的两大史诗，也原是口吟，现存的是别人的记录”和“假设我有一首诗——不敢奢望一首以上——能像《唐诗三百首》中的任何一首那样，为后世所认可，为子孙所传诵，我也就死而无憾了”。

表示修正的，如“在病床前，我想和他说一句话，不，就是几个字，都没有机会了”。

当说话人发现说出的话不够准确或有错误时，马上在话语之后加以补充或更正，这种表达方式称为追补。追补与插说的作用相同，但位置不同，追补只是在句末补充说明，如“他是我的老朋友，最好的朋友”（表示注释），“我告诉你一个好消息——不，是坏消息”（表示修正），“你们见面了没有，那位小姑娘？”（表示补充）等。

插说和追补的成分都是在语言交际过程中临时插入的成分，从句法结构上看，并不是必需的，但是在语意表达上却有特殊的作用。它们或使语言表达得更准确周密，或更适应特定语境的要求，使交流更为自然顺畅。

四、句型

句子是语言的使用单位，传统语法都是把句子作为语法研究的主要对象的。研究句子就是要揭示其构造特点及结构规律，并探讨其表义功能。句子的不同特点突出地体现在句子的不同类型上。根据不同的分类标准，可以将句子分为不同的类型。按照句子的整体结构特征可以划分出句型系统；按照句子的局部特点可以划分出句式系统；按照句子的语气功能可以划分出句类系统。

（一）句型的特点

句型是依据句子的整体结构特征归纳出来的句子结构类型，其主要特点有抽象性、生成性、系统性。

1．抽象性

所谓抽象性，是指任何一种句型都反映着不同句子所具有的共同结构特征的一种性质。例如，“他是你的朋友？”“天空碧蓝碧蓝的。”这两个句子意义各不相同，但从整体结构看，都是由主谓短语构成的主谓句。又如“火！”“禁止喧哗！”“刮风了。”这些句子意义各不相同，但从整体结构看，又都不是由主谓短语构成的，这些句子都属于非主谓句。

2．生成性

所谓生成性，是指任何一种句型都可以衍生出无穷无尽的在整体上具有共同结构特征的句子的一种性质。例如，借用主谓句，可以衍生出“你过来”“我们休息”“小兔可爱”等具有共同结构特征的句子，而这种衍生，实际上可以无限地进行下去。句型的生成性，为人们表达无限丰富的思想提供了可能。

3. 系统性

所谓系统性，是指任何语言的句型系统都是有层次的，而不同句型，特别是同一层次的不同句型，又处于相互联系、相互制约的关系之中。例如，“我吃了饭”“他对这份工作很满意”这两个句子分别是主谓句中的动词性谓语句和形容词性谓语句。如果分别将其中的“饭”和“这份工作”移位，说成“饭我吃了”“这份工作，他很满意”，它们就转化成主谓谓语句了。这说明，主谓句中的主谓谓语句同动词性谓语句和形容词性谓语句具有内在的联系。在考察句型的过程中，应注意不同句型间的这种内在联系。

（二）划分句型应注意的问题

在划分句型时，有些因素并不影响句子的句型归属。

句子语气的差别不影响句型，如“你来吗？”“你来吧！”“你来了。”三者语气不同，但都属于主谓句中的动词谓语句。

句子扩展不影响句型，如“梨树开花了”→“梨树已经开满了白花”→“栽在院子里的梨树已经开满了非常漂亮的白花”→“前几年栽在院子里的那株梨树现在已经开满了非常漂亮的白花”，随着句子逐步扩展，结构成分越来越复杂，但句型并没有改变。

功能相同的词语替换不影响句型，如“我买书”→“你买书”、“秋天去了”→“冬天来了”中，相同功能的词语在相同位置上的互相替换，并没有使句型发生变化。功能不同的词语替换往往会引起句型的变化，如“冬天来了”→“已经来了”中，前者是主谓句，后者是非主谓句。

特殊成分的插入不影响句型，如“这里原来有一座古庙”→“据说，这里原来有一座古庙”，“这次胜利使大家非常高兴”→“这次胜利，毫无疑问，使大家非常高兴”，这两句中插入了语用成分“据说”“毫无疑问”，句型并没有变化。

有些句子成分的语用移位不影响句型，如“风，鼓动吧！雷，怒吼吧！电，闪耀吧！”→“鼓动吧，风！怒吼吧，雷！闪耀吧，电！”，句子的主语与谓语移位，并没有改变主谓句的基本格局；又如“车，不用说，当然是头等的”→“不用说，车当然是头等的”→“车当然是头等的，不用说”，三个句子中的插入语位置不同，但句型没有变化。然而有些语用移位会引起句型的变化，如“我不认识这个人”→“这个人我不认识”，前者是动宾谓语句，后者是主谓谓语句；又如“我打电话请他”→“我请他打电话”，前者是连谓句，后者是兼语句，移位以后不但句型变了，句子的意思也发生了很大的变化。

（三）现代汉语的句型系统

现代汉语句型系统包括单句、复句两大部分。这里只讲单句部分，复句部分将在后面专章讲述。单句可分为主谓句和非主谓句两大类。

1. 主谓句

主谓句是由主谓短语构成的句子。主谓句又可分为名词性谓语句、动词性谓语句、形容词性谓语句和主谓谓语句等四种。

（1）名词性谓语句

谓语由名词或名词性短语充当的主谓句就是名词性谓语句。名词性谓语句又可分为名词谓语句、数量词谓语句和定中谓语句等三种。例如：

①明天端午节。

②苹果三斤。

③李忻的姐姐大眼睛。

④天边，一道道霞光。

例①属于名词谓语句，谓语由名词“端午节”充当。例②属于数量词谓语句，谓语由数量短语“三斤”充当。例③属于定中谓语句，谓语由定中短语“大眼睛”充当。例④属于数量词谓语句，谓语由数量短语“一道道霞光”充当。

（2）动词性谓语句

谓语由动词或动词性短语充当的主谓句就是动词性谓语句。动词性谓语句又可分为动词谓语句、动宾谓语句、动补谓语句以及兼语句、连谓句等五种。例如：

①我们出发了。

②他非常认真地阅读着。

③姐姐买了两件新衣服。

④大家累得走不动了。

例①属于动词谓语句，谓语由动词“出发”充当。例②也属于动词谓语句，谓语由状中短语“非常认真地阅读”充当。例③属于动宾谓语句，谓语由动宾短语“买了两件新衣服”

充当。例④属于动补谓语句，谓语由动补短语“累得走不动”充当。又如：

⑤老师让李萌再回答一次。

⑥他拿起手机给家里打了电话。

例⑤属于兼语句，谓语由兼语短语“让李萌再回答一次”充当。例⑥属于连谓语，谓语由连谓短语“拿起手机给家里打了电话”充当。

（3）形容词性谓语句

谓语由形容词或形容词性短语充当的主谓句就是形容词性谓语句。形容词性谓语句又可分为形容词谓语句和形补谓语句两种。例如：

①天上的星星亮晶晶。

②你的想法太奇怪了！

③屋里黑得伸手不见五指。

例①属于形容词谓语句，谓语由形容词“亮晶晶”充当。例②也属于形容词谓语句，谓语由状中短语“太奇怪”充当。例③属于形补谓语句，谓语由形补短语“黑得伸手不见五指”充当。

需要强调的是，在动词性谓语句、形容词性谓语句中，有许多句子的谓语包含状语，如“小华已经考上了大学”“奶奶的病慢慢好起来了”。我们在确定句型时，之所以不考虑状语的存在，是因为状语是扩展成分，如果确定一种“状中谓语句”，就会掩盖动宾谓语句、动补谓语句、形补谓语句等极其重要而复杂的下位句型。

（4）主谓谓语句

谓语由主谓短语充当的句子就是主谓谓语句。例如，“这份报告我整整写了两天”一句的主语是“这份报告”，谓语是主谓短语“我整整写了两天”。关于主谓谓语句的具体情况，我们将在句式部分讨论。

2. 非主谓句

非主谓句是由主谓短语之外的其他短语或者单个词构成的句子。非主谓句又可分为名词性非主谓句、动词性非主谓句、形容词性非主谓句以及特殊非主谓句等四种。

（1）名词性非主谓句

名词性非主谓句是由名词或名词性短语构成的非主谓句。经常构成感叹句和用于交代事情发生的背景等。例如：

①飞机！

②一个寒冷的冬季。

③事发现场。

④好一个吃里扒外的东西！

（2）动词性非主谓句

动词性非主谓句是由动词或动词性短语构成的非主谓句。经常构成祈使句和用于撰写标语、口号等。例如：

①下雪了。

②赶快起床！

③不要向窗外抛撒废弃物！

(3) 形容词性非主谓句

形容词性非主谓句是由形容词或形容词性短语构成的非主谓句。经常构成感叹句。例如：

①漂亮！

②真好看！

③丑死了！

④多么悲惨啊！

(4) 特殊非主谓句

有的非主谓句仅由一个叹词、拟声词、代词或副词构成，这样的非主谓句都归入特殊非主谓句。例如：

①噢！

②哎哟！

③轰隆隆！！

④谁呀？

⑤不！

五、句式

(一) 划分句式的依据

句式是依据句子的局部特征归纳出来的句子类型。这种局部特征主要包括结构特征、特殊词语、语义范畴等三个方面。

第一，根据句子的结构特征分类。有的句式是依据句子的某一个结构特征归纳出来的，如双宾句、连谓句、兼语句、主谓谓语句等。双宾句的结构特征体现在同一个谓语中心动词带有两个宾语；连谓句的结构特征体现在谓语由连谓短语充当；兼语句的结构特征体现在谓语由兼语短语充当；主谓谓语句的结构特征体现在谓语由主谓短语充当。由于句型也可以依据句子的某一个结构特征划分，所以有些句型的下位类型如主谓谓语句、兼语句、连谓句等，也可以从句式的角度加以论述。

第二，根据句子所包含的特殊词语分类。有的句式是依据句子所包含的特殊词语归纳出来的，如把字句、被字句、连字句等。把字句都包含表示处置作用的介词“把”；被字句都包含表示被动意义的介词“被”；连字句都包含隐含比较作用的助词“连”。

第三，根据句子的语义范畴分类。有的句式是依据句子的语义范畴归纳出来的，如存现句、主动句、被动句等。存现句的共同语义范畴体现在句子都表示存现意义；主动句的共同语义范畴体现在句子的主语都是谓语动词所表示的动作行为的施事；被动句的共同语义范畴体现在句子的主语都是谓语动词所表示的动作行为的受事。

由于句式是依据句子的局部特征归纳出来的，而这些局部特征并不一定相互排斥，因此同一个句子，有可能依据不同的局部特征而归入不同的句式，形成句式的交叉重叠现象。例如：

①小勇‖在母亲节送给妈妈一束鲜花。（双宾句，主动句）

②那台旧电脑‖被哥哥拿出去卖掉了。（“被”字句，连谓句）

③他‖走进办公室拿出一份文件让我看。（连谓句与兼语句套用）

④他‖便给他们茴香豆吃。（兼语句与双宾句套用）

⑤有翼‖叫碾子把手碾破了。（“被”字句与“把”字句套用）

本节主要就一些常见句式加以探讨。“把”字句与主动句，“被”字句和被动句，它们相互间存在着密切的联系，因此，在讨论“把”字句、“被”字句时，我们将同时对主动句和被动句进行说明。

（二）双宾句、连谓句、兼语句、主谓谓语句

1. 双宾句

有的动词既涉及人，又涉及物，因而可以带两个宾语。双宾句是一个述语同时带两个宾语的句子。指人的宾语通常靠近动词，称为近宾语，也称为间接宾语；指物的宾语一般离动词稍远，称为远宾语，也称为直接宾语。例如：

①这些话‖给了｜我｜（莫大）的鼓舞。

②人们‖告诉｜（这些）参观者｜今年梨的产量大大超过去年。

③小张‖送给｜李大爷｜（两张）电影票。

④这小小的波折‖却给了｜我｜（一个）（大

大）的教益。

⑤他‖在政治思想及革命经验方面留给｜我们｜（许多）（有益）的东西。

能够带双宾语的动词一般具有交接、授予、奖罚、告诉等意义，如“给、交给、送、送给、赠、赠送、奖、奖给、还、还给、罚、问、告诉、通知、教导、启发、指示”等。因为这一类动词在语义上的突出特点是同时指向两个成分，涉及两个对象。两个宾语一般都是由名词性成分充当的，但有时也可以由谓词性成分充当，如“他告诉我明天上华山”的远宾语“明天上华山”是动词性短语。

双宾句的两个宾语之间没有直接的语义联系，因而在结构上有两个层次，构成两层述宾关系，如下图的分析：

这种意义和层次上的特点有助于我们将双宾句与其他相关句式区分开来。

双宾句不同于联合短语作宾语的句子。例如：

⑥他‖在图书馆借了｜两本小说、一本杂志。

⑦这个时期，母亲‖教给｜我｜（许多）（生产）知识。

双宾句的两个宾语之间没有直接的语义关系，也不在同一个结构层次上，不能构成一个短语。所以，例⑥是联合短语作宾语，只有一个宾语。例⑦的述语后面不是一个整体，“我”与“许多生产知识”之间没有直接的语义关系，不能构成一个短语，是双宾句。

双宾句不同于主谓短语作宾语的句子。例如：

⑧他‖完全相信|鲁迅先生一定能够承担起这个十分艰巨而又危险的任务。

⑨科学上的无数事实‖充分证明|实践是检验真理的唯一标准。

主谓短语作宾语的句子最大的特点，一是动词涉及的对象是由主谓短语表示，动词只与其后的主谓短语构成整体上的述宾关系；双宾句的动词分别与后面的两个成分构成述宾关系。二是带宾语的动词一般是表示心理活动的动词以及“证明”“标志”“说”之类的动词。据此可知，例⑧和例⑨都是主谓短语作宾语的句子。

2. 连谓句

连谓句是由连谓短语作谓语或连谓短语单独成句的句子。连谓句中连续使用的两个或两个以上的动词都与同一主语构成主谓关系。连谓句主要有以下六种类型：

（1）动词叙述连续发生的动作行为。例如：

①小王‖上街转了一会儿。

②这个女人‖便走到远一点的地方坐下来。

（2）前一个动作行为是后一个动作行为的方式或方法。例如：

①少先队员‖唱着歌走进会场。

②几个青年妇女‖划着她们的小船赶紧回家。

（3）后一个动作行为是前一个动作行为的目的。例如：

①我们‖去黄山旅游。

②燕燕‖下河洗衣服。

（4）前后两个动作行为从正反两个方面说明主语。例如：

①山民‖抓住他的手不放。

②人们‖坐在剧场久久不愿离去。

（5）前后使用相同的动词，前一个动词带宾语，后一个动词带补语。例如：

①他‖看书看到半夜。

②孩子‖写字写得手都累了。

（6）第一个动词是非动作动词“有”“没有”等。例如：

①小马‖有权利提出反驳意见。

②他们‖再也没有力量前进了。

连谓句还可以在第一个动词之后使用形容词，前后具有因果关系。例如：

①大家‖听了这个消息很高兴。

②小娟‖看到这种场面很吃惊。

“高兴”“吃惊”都是形容词，所以连谓句比连动句的提法范围更宽一些。

应注意连谓句与其他形式的区分。连谓句的特点是，连用的几个动词之间不能有语音停顿，不能用关联词语，几个动词之间不能是述宾关系、联合关系、中补关系等，否则，就不是连谓句。例如：

③卢进勇‖从树林里探出头来，四下里望了望。

④我们‖每天早晨一起床就锻炼身体。

例③的两个动词之间有逗号表示语音停顿，是复句。例④的两个动词之间用关联词“一……就……”连接，成为紧缩复句。如果去掉两例中的停顿和关联词，就成了单句中的连谓句。

⑤孩子们‖都喜欢玩。

⑥多年来，他们‖不断地思考、摸索、前进。

⑦大家‖笑得流出了眼泪。

⑧我们‖走出教室。

例⑤的动词“喜欢”与“玩”是述宾关系，例⑥的几个动词“思考”“摸索”“前进”是联合关系，例⑦的动词“笑”与“流出了眼泪”是中补关系，例⑧的动词“走”与“出”也是中补关系，所以上面几例都不是连谓句。

连谓句是连谓短语作谓语的句子，如果连谓短语在句子中不作谓语，则不是连谓句。例如，“去农贸市场买东西的人很多”中的连谓短语“去农贸市场买东西”作定语，所以不是连谓句。

3. 兼语句

兼语句是由兼语短语作谓语的句子。根据兼语前面动词的性质，可以将兼语句分为下面三类：

（1）前面的动词具有使令意义，如“使、叫、让、派、催、命令、动员、禁止、要求、号召、组织”等。例如：

①我们昆明青年‖决不会让你们这样蛮横下去的。

②营长‖在电话里命令五连迅速占领前面的四号高地。

（2）前面的动词具有促成、褒贬的意义，如“选、推选、推举、劝、鼓励、埋怨、称赞、表扬、骂、嫌”等。例如：

①同学们‖选李华当班长。

②我‖劝他别生孩子的气。

（3）前面的动词是非动作动词“有”“没有”“是”等。例如：

①他‖有个弟弟在上海读书。

②袋里的钞票‖没有半张或一角是自己的了。

③是小刘把车修好了。

应注意兼语句与其他形式的区分。兼语句与主谓短语作宾语的句子不同。例如：

①他‖担心改霞会把他的女儿秀兰也引到邪路上去。

②学校‖组织全校师生植树造林。

例①是主谓短语作宾语的句子，例②是兼语句。我们可以从以下两个方面加以区分：

第一，兼语句的谓语中的第一个动词一般具有使令、促成等意义；主谓短语作宾语的句子，谓语中的第一个动词充当述语，一般表示的是心理活动或感知意义，如“喜欢、担心、希望、爱、发现、知道、觉得、认为、说明、标志”等。

第二，兼语句中兼语前面的动词只能与兼语构成述宾关系，与兼语后面的成分没有述宾关系；主谓短语作宾语的句子，述语与后面的整个主谓短语构成述宾关系。

兼语句与连谓句不同。这两种句式都是谓语中连续使用了两个以上的动词，但兼语句的几个动词不是陈述同一主语的，而连谓句中的几个动词都是陈述同一主语的。例如：

③整个碑形‖使人感到，既有民族风格，又有明显的新时代精神。

④第二天早晨，他‖就去新华书店买回那三本小说。

例③的动词“使”与“整个碑形”构成主谓关系，动词“感到”与“人”构成主谓关系，两个动词陈述不同的主语，所以是兼语句。例④的动词“去”和“买”陈述同一个主语“他”，所以是连谓句。

兼语句是兼语短语作谓语的句子，如果兼语短语在句中不作谓语，则不是兼语句。例如，“这里‖有许多令人怀念的东西”中的兼语短语“令人怀念”作定语，“船员们讲的许多故事‖离奇得使人难以相信”中的兼语短语“使人难以相信”作补语，所以都不是兼语句。

4. 主谓谓语句

主谓谓语句是主谓短语作谓语的句子，主要有以下六种类型：

（1）全句主语（又称为“大主语”）与作谓语的主谓短语中的主语（又称为“小主语”）有广义的领属关系。例如：

①小李‖身体健康。

②散会以后，梁三老汉‖情绪更加高涨了。

③这密密层层成丈高的野花，‖朵儿赛过八寸的玛瑙盘。

从意义上看，这类主谓谓语句的小主语是隶属于大主语的，所以大小主语之间可以加结构助词“的”。但是，在句子结构上，大小主语并没有偏正关系，不能将大主语分析为定语。例①中，如果将“小李身体健康”变为“小李的身体健康”，那么“小李”就变成了定语，不再是全句主语了；结构的变化也会导致表意的变化，整个句子由原来陈述“小李”怎么样变为陈述“身体”如何，也就不是主谓谓语句了。

（2）大主语与谓语中的某些词语具有复指关系。例如：

①这个家伙，‖我见过他。

②就餐的人们，‖蹲着的、坐着的、站着的都有。

③我们俩‖谁也别埋怨谁。

例①的主语“这个家伙”与谓语中的“他”构成复指关系，例②的主语“就餐的人们”与“蹲着的、坐着的、站着的”构成复指关系，例③的主语“我们俩”与“谁”构成复指关系。

被复指的大主语如果是主谓短语或其他谓词性短语，一般作为分句看待。例如：

④地球绕着太阳转，这是连小学生都知道的常识。

⑤夺取全国胜利，这只是万里长征走完了第一步。

例④的大主语是主谓短语“地球绕着太阳转”，例⑤的大主语是述宾短语“夺取全国胜利”，以上两例都是包含两个分句的复句。

（3）大主语是施事，小主语是受事。例如：

①他‖什么问题都考虑过了。

②张大伯‖一个人都不认识。

这类句子把受事放在动词前面，表示受事带有周遍性，具有强调或夸张的意味。

（4）大主语是受事，小主语是施事。例如：

①这种怪事‖我从来没有听说过。

②这篇文章‖我还没有写题目呢。

③这以后的路，‖卢进勇走得特别快。

（5）大主语是谓语叙述、讨论的范围、对象。例如：

①语文教学‖王老师有丰富的经验。

②登山队的情况，‖大本营还没有一点消息。

这类句子的大主语前暗含着介词“对”或“关于”等，说明主语是讨论的范围或对象，但在句子结构上不能加介词，否则就成了介词短语作状语了，不再是主谓谓语句。

(6) 大主语与小主语具有逻辑上的主谓关系，小主语一般是表示动作行为的词语。例如：

①小萌‖学习很用功。

②爷爷‖待人极亲切。

这一类句子不同于连谓句，因为两个动词之间或动词与形容词之间有主谓关系，而连谓句的动词之间不能有主谓关系。

（三）“把”字句、“被”字句

1.“把”字句

“把”字句是由介词“把”或“将”构成的介词短语作状语的句子。“把”字句一般表示一种处置作用，即谓语中心语所表示的动作对“把”介引的对象施加影响，使它产生某种变化，或处于某种状态中。“把”字句属于主动句。例如，“大风把电线吹断了”所表达的语义关系是“大风吹电线 + 电线断了”，其中“电线断了”是“把”字句表意的焦点。又如：

①大火‖［把天空］［都］照红了。

②老栓‖［把一个碧绿的包，一个红红白白的破灯笼，］［一同］塞进灶里。

③四周的山‖［把这个山谷］包围得像一口井。

④小刘‖［将策划书］交给了王经理。

上面例子中“把”和“将”字介引的对象是受事，与谓语中心语有逻辑上的述宾关系。这是最常见的一种。

也有表达其他语义关系的。例如：

⑤小翠‖［把枕头］［都］哭湿了。（使事）

⑥他们‖［把北京城］跑遍了。（处所）

⑦我们‖［把炉子］生上了火。（与事）

有的“把”字介引的对象是施事。例如：

⑧这辣椒‖［把人］吃得直流汗。

⑨这活‖［把大家］干得筋疲力尽。

⑩板凳‖［把我］坐得屁股疼。

上述三例中“把”字介引的对象“人”“大家”“我”都是施事，全句主语是受事或工具。这种“把”字句多出现于口语中，一般表示不如意、不愉快的事情。

“把”字句是汉语中很有特点的一种句型，其特点主要表现于以下三个方面：

第一，“把”字句有“处置”的意思，谓语中心语一般是能够对“把”字介引对象起积极作用的动词，因此能愿动词、判断动词、趋向动词和“有”“没有”等非动作动词不能用来构成“把”字句。构成“把”字句的动作动词通常是及物动词。有些不及物动词构成中补短语以后，也可以构成“把”字句，如前例中的“哭湿”“跑遍”。

“把”字句的谓语中心语有时还可以是形容词。例如：

⑪把这几个年轻人高兴得手舞足蹈。

⑫看把他美得！

⑬把小娜难受得直掉眼泪。

在上述几例中，“把”字介引的对象“这几个年轻人”“他”“小娜”都是施事，这几个句子都是非主谓句。

第二，“把”字介引的对象或受事主语常常是确指的，前面常有“这”“那”之类的修饰语。但这一条件并不严格，有的情况下并不表示确指，如“他把一辆自行车丢了”，其中“自行车”受数量短语的修饰，并未定指是哪一辆车。

第三，现代汉语里的“把”字句的谓语中心语不能是单个动词，尤其不能是单音节动词，前后总要有别的词语配合使用，可以带上相关的成分，如宾语、状语、补语、动态助词等，或者使用动词重叠式，这样才能满足“把”字句表示处置结果的要求。例如，可以说“把病治好”“把病治了”，但不能说“把病治”。

一般认为，否定词与助动词在“把”字句中作状语时，一定要放在“把”字结构之前。其实，这两类词在“把”字句中的位置是比较灵活的，多数情况下是在“把”字之前，但在“把”字之后的用法也不少。例如：

⑭把他不当人。

⑮把这件事不放在心上。

⑯买回来，她嘱咐他把什么该剥了皮，把什么该洗一洗。（《骆驼祥子》）

⑰倒把我三日不见四日不理的。（《红楼梦》）

“把”字句和主动句存在着密切的联系。主动句中的主语同谓语动词存在“施事—动作”的语义关系。主动句如果存在受处置的语义成分，该语义成分就可能借用介词“把”或“将”，置于谓语动词之前，构成“把”字句，形成既是主动句，又是“把”字句的句式。例如：

⑱火热的场景深深地感动了我们。

⑲火热的场景把我们深深地感动了。

例⑱包含受处置的受事语义成分“我们”，因而可借用介词“把”变换成既是主动句、又是“把”字句的例⑲。不包含受处置的语义成分的主动句就不能变换成“把”字句。“把”字句是主动句中的一类。

2.“被”字句

“被”字句是用介词“被”组成的介词短语作状语，或在谓语动词前直接添加表示被动意义的助词“被”等的句子。“被”字句属于被动句。例如：

①这个秘密‖［后来］［被敌人］发现了。

②［在这里的每一天］，我‖［都］被感动着。

在口语中，介词“被”经常由“给”“叫”“让”等介词代替，表示不愉快或不如意的事情。例如：

③五只小鸡‖［让黄鼠狼］叼走了。

④张明‖［给队长］批评了一顿。

“被”“叫”等有时与“把”在句中同现，如“小芹‖［叫豆荚］［把手］刺破了”。

“被”字还可以与助词“所”“给”配合使用。“被……所……”的格式经常用在书面语里，“叫（让）……给……”通常出现于口语中。例如：

⑤他们‖［被错误的假象］所迷惑。

⑥新买的自行车‖［叫李军］给丢了。

一般的“被”字句只有一个受事成分作主语，有的“被”字句有两个受事成分，一个作受事主语，一个作受事宾语，主宾语之间有整体与部分的关系。例如：

⑦敌人‖［被我们］消灭了三个团。

⑧这座寺庙‖［被战火］焚毁了一大部分。

有时，动作的施事不需说出或无从说出时，“被”字单独使用，后面不出现施事，这时“被”应该是表示被动的助词。因为介词是不能单独出现的，它总是与后面的名词性成分组成介词短语，起修饰作用。

“被”字句一定是受事主语句，句中如果没有介词“被”（给、叫、让）或表示被动的助词“被”（给、叫、让）等出现，则不是“被”字句。“被”字句有强调被动关系的作用，如果不需要对被动关系加以强调，则可以用一般的受事主语句，如“信写好了！”“事情办妥了吗？”

“被”字句与“把”字句在语义上有对应的转换关系。例如：

⑨猫把老鼠抓住了→老鼠被猫抓住了

“把”字句的主语是施事，“被”字句的主语是受事，“把”字句的主语在“被”字句中成了介词宾语。所以这两类句式在构成上也有一些相似的特点。“被”字句的谓语中心语必须是表示动作行为的及物动词，不及物动词和能愿动词、趋向动词、判断动词、表示肯定否定的“有”“没有”等不能用来构成“被”字句，如可以说“他被医生治好了”，但不能说“他被医生苏醒了”；可以说“自行车被他丢了”，但不能说“自行车被他没有了”。除了“为……所……”“叫……给……”的格式以外，“被”字句的谓语中心语一般不单独出现，而要带上状语、补语、助词“了”等的相关成分，如可以说“活儿被我们干完了”，但不能说“活儿被我们干”。

被动句中的主语同谓语动词存在“受事—动作”的语义关系。有的句子，虽然其主语同谓语动词之间存在“受事—动作”的语义关系，但如果不包含表示被动关系的介词“被”或助词“被”，它只能是被动句，而不是“被”字句。这类被动句往往可直接添加助词“被”，变换成“被”字句。例如：

⑩这些棘手的问题全部解决了

→这些棘手的问题被全部解决了

（四）存现句

存现句是表示什么地方存在、出现或消失了什么人或物的句子。其基本格式是“NP_1 + VP + NP_2”，NP_1指处所，VP指谓语动词，NP_2指人或事物。存现句可以分为存在句和隐现句两类。

1. 存在句

存在句是表示什么地方存在某人或某物的句子。例如：

①水塘里‖躺着｜一头水牛。

②门口‖站着｜一个衣衫破烂的流浪汉。

③乡政府门前‖贴着｜一张布告。

④有些女人的预算里‖还有｜一面圆蛋的镜子。

⑤旧毡帽下面‖是｜浮现着希望的酱赤的面孔。

存在句的谓语中心语可以是动作动词，也可以是非动作动词“有”“是”等。动作动词后面通常要带动态助词“着”。

2．隐现句

隐现句是表示什么地方出现或消失了某人或某物的句子。例如：

①树上‖飞来｜两只花喜鹊。

②他的脑海里‖又闪现出｜老赵那个神秘的暗示。

③桥那边‖走过来｜一队人马。

④稻场上和小溪边‖顿时少了｜那些女人们的踪迹。

隐现句的谓语中心语后面一般要带动态助词“了”或趋向补语“来”“出”“出来”“过来”等。

存现句在结构上有显著的特点，主要表现在以下两个方面：

一是主语由表示处所的词或短语充当，如“树林里‖窜出一只野兔”。如果在表示处所的词或短语前加上介词，变成“［从树林里］窜出一只野兔”，那么这里的介词短语“从树林里”就成了句首状语，句子就不是存现句了。

二是存现句的宾语多数为施事宾语，宾语经常带数量定语，如“马路边站着几个人”“教室里坐着50多位同学”。

六、句类

句类是依据句子的语气特点划分出来的句子类别，主要包括陈述句、祈使句、感叹句、疑问句四类。

（一）句子的语调

句子的语气要用一定的语调来体现，基本语调有四种类型，即降调、平调、升调和曲调。这类语调特征，一般称为“句调”。

降调——句子末尾的音高下降，即前高后低的句调。降调用符号“↘”表示。例如：

①他是一个很善良的人。（↘）

②我们一定会成功的。（↘）

平调——句子的音高前后保持不变，既不下降，也不上升。平调用符号“→”表示。例如：

③他如果有自知之明（→），也不会落得如此下场。

④即使你说破天（→），我也不会相信。

升调——句子末尾的音高呈上升状态。升调用符号“↗”表示。例如：

⑤这就是你给我的道歉？（↗）

⑥你还没有作好安排？（↗）

曲调——句子的音高有曲折的变化，先升高再降低，或先降低再升高。曲调用符号“～”表示。曲调大多带有否定、不满、讽刺、幽默等语气。例如：

⑦我也算是一个成功人士？（～）

⑧你真是天底下头号的大好人哪！（～）

具有相同语气的句子，应该具有相同的用途，但不一定具有相同的语调特征。因为句子的用途还可以借用其他语言形式来体现。一旦形式变了，那么语调特征就可能发生变化。例如：

⑨老板表扬你了？（↗）→是不是老板表扬你了？（→）

例⑨读升调，表示疑问语气，但加入了疑问形式“是不是”以后，受其影响，语调特征可以是平调，并且人们不会将它误解成陈述句。

（二）现代汉语的句类系统

1. 陈述句

陈述句具有陈述语气，它是用来叙述或说明一件事、一个道理的句子。人们可以依据客观实际情况，判断陈述句的真假。陈述句一般读成降调，也可以读成平调，但不能读成升调。读成降调时，说话人重在反映客观事实或认识；读成平调时，说话人在反映客观事实或认识的基础上，还会在一定程度上显露对客观事实或认识的主观评价。例如：

①这朵开在山顶的花‖是最美的。(↘)

这朵开在山顶的花‖是最美的。(→)

②我‖是昨天进的城。(↘)

我‖是昨天进的城。(→)

陈述句常带的语气词有“了、的、嘛、啊、呢、罢了”等，不同的语气词表示的意义是有差异的。例如：

③我们‖胜利了。(“了”表示情况有了变化)

④我们‖一定会胜利的。(“的”表示的确如此)

⑤你‖应该这样做嘛。(“嘛”表示句子的内容显而易见)

⑥大家‖千万要注意身体啊。(“啊”表示说话的态度，带有提醒的意味)

⑦我‖只是提醒他一下罢了。(“罢了”表示不过如此，把事情往小里说)

⑧小萌‖不只钢琴弹得好，还会拉小提琴呢。(“呢”带有夸张意味，表示事情不同一般。但“呢”也常表示一般的陈述语气，如“小张明天回来呢”)

陈述句有肯定形式与否定形式两种。肯定的陈述句如“我看了一场电影”，否定的陈述句是由肯定式加上否定词构成，如“我没有看电影”“我不看电影”。如果是双重否定，则表示肯定的意思，如“我们不能不做出这样的决定”“这些孩子没有一个不听话”。

陈述句中有一些异形同义的形式。例如：

⑨差点没跌倒 = 差点跌倒了

⑩好容易跑出来=好不容易跑出来

⑪开学前去旅游=没开学前去旅游

以上等号左右两边是并行的习惯说法，不具有类推性。

2. 祈使句

祈使句具有祈使语气，它是用来表示请求、要求、命令的句子。表示请求时语气比较委婉，表示命令时语气比较强烈。例如：

①你就让他去吧。

②请你千万别在意。

③赶快掏钱！

④不许大声喧哗！

祈使句一般读成平调，也可以读成降调，但不能读成升调。读成平调时，说话人请求、要求、命令的口气较强；读成降调时，说话人的口气相对较弱。例如：

⑤请把窗户关上！（→）

请把窗户关上！（↘）

⑥你别絮絮叨叨了！（→）

你别絮絮叨叨了！（↘）

如果要求对方做某事，还可以用疑问句表示祈使的内容，语气显得委婉客气。例如：

⑦你能帮我一下吗？

从语义特征方面看，如果祈使句表示有意要取得某种结果，谓语动词应该具有［+自主］的语义特征。例如：

⑧快过来！

⑨不要理他。

例⑧的“过来”和例⑨的“理”都具有［+自主］的语义特征。不具有［+可控］语义特征的动词一般不能进入祈使句的否定式，因此我们一般不说“别理解”“不要清楚”“别苏醒”。

运用祈使句的肯定形式，从说话人的主观愿望看，通常需要肯定正面的动作行为。所以，具有［+贬义］语义特征的动词一般不容易进入祈使句的肯定式，因此我们一般不说“请捣乱”“赶快破坏”。

运用祈使句的否定形式，从说话人的主观愿望看，通常需要否定负面的动作行为。所以，具有［+褒义］语义特征的动词一般不容易进入祈使句的否定式，因此我们一般不说“别佩服”“不要尊重”“不要热爱”。

3．感叹句

感叹句具有感叹的语气，它是用来表达赞美、惊讶、愤怒或恐惧等强烈感情的句子。感叹句一般读成平调，也可以读成降调。读成平调时，句子表达的情感色彩相对较浓；读成降调时，句子表达的情感色彩相对较淡。例如：

①这里的景色太美了！(→)

这里的景色太美了。(↘)

②你这人真难说话！(→)

你这人真难说话。(↘)

感叹句大体可以分为四类：

（1）直接用叹词构成感叹句。例如：

①啊！

②哎哟！

（2）结构与陈述句相同的感叹句。在口语中，语调先升后降，音量加大；在书面语中，句末用叹号表示强烈的语气。例如：

①阿Q！你这浑小子！

②我们赢了！

（3）句中用副词“好”“多么”“太”“真”“多”或语气词“啊”加强感叹的语气。例如：

①好一派迷人的秋色！

②蜜蜂是多么高尚啊！

③天哪！太可怕了！

（4）表示强烈感情的各种标语、口号等。例如：

①各族人民大团结万岁！

②保护人民的生命财产安全！

4. 疑问句

疑问句具有疑问语气，它是用来提出问题的句子。疑问句都包含疑问焦点，这个焦点的内容是问话人所关注的疑问信息，在句子中需要重读（用符号“ˋ”标示在重读词语的左上角）。如果存在与疑问焦点相对的另一个疑问焦点，就属于对比疑问焦点，否则为非对比疑问焦点。例如：

①你想去╲西安旅游吗？

②你是去╲西安，还是去╲成都？

例①只有一个疑问焦点“西安”，属于非对比疑问焦点。例②具有两个疑问焦点“西安”“成都”，属于对比疑问焦点。

疑问句可以从结构特征和疑问程度两个角度来分类，下面逐一讲解。

（1）疑问句的结构特征分类

从结构特征看，疑问句可以分为是非问句、特指问句、正反问句和选择问句四类。

a. 是非问句　是非问句是提出一个问题，要求做出肯定或否定回答的句子。是非问句一般是在陈述句后面加上疑问语调或兼用语气词“吗”“吧”“啦”等（不能用“呢”）。这种句子可以用“是”“不是”“有”“没有”等或点头、摇头来回答。例如：

①你发现其中的奥妙了吗？

②李老板不会不赏脸吧？

是非问句的疑问焦点属于非对比疑问焦点。如果是非问句不带疑问语气词，语调就必须是上升的，否则就不能与陈述句相区别。例如：

③你明天去北京？（↗）

④小李他能按时完成这个艰巨的任务？（↗）

是非问句如果包含疑问语气词，读成平调时，疑问色彩较强；读成降调时，疑问色彩较弱。例如：

⑤你忘了我啦？（→）

你忘了我啦？（↘）

⑥你希望我替你保密，是吧？（→）

你希望我替你保密，是吧？（↘）

由于是非问句的疑问焦点是整个句子，所以，除了用表示肯定或否定的词或点头、摇头回答以外，也可以通过重复问句的内容回答。例如：

⑦问：你能按时来吗？

答：我能按时来/我不能按时来。

b. 特指问句　特指问句是用疑问代词表示疑问，希望对方针对疑问代词表示的内容做出回答的句子。例如：

⑧你是ˋ谁？

⑨先生，“怪哉”这种虫，是ˋ怎么回事？

⑩我们ˋ什么时候才能把这些活干完呢？

⑪你ˋ为什么不回答我的问题？

特指问句的疑问焦点由疑问代词充当，也属于非对比疑问焦点。特指问句可以不用语气词，如果要用，只能用语气词“呢”“啊”，不能用“吗”“吧”。

疑问代词是特指问句的疑问焦点所在，因而回答都是针对疑问代词的，不能简单地采用是非问句那种肯定或否定的形式。

特指问句读成平调或降调，不读成升调。读成平调时，疑问色彩较强；读成降调时，疑问色彩较弱。例如：

⑫是哪个家伙在背后捣鬼？（→）

是哪个家伙在背后捣鬼？（↘）

特指问句之所以读成平调或降调而不会与陈述句相混，是因为它们具有疑问代词这一特定的疑问形式。

特指问句还有一些比较特殊的语用简化形式，即句中不出现疑问代词。这种用法常用于对话中，使得句子简洁明了。

一种简化形式是“NP＋呢”，询问处所或状态，相当于“NP在哪儿呢？”或“NP怎么办呢？”例如：

⑬我的书呢？（＝我的书在哪儿呢？）

⑭你们都走了，我呢？（＝我怎么办呢？）

另一种简化形式是“VP＋呢”，询问假设性的后果，句中可以出现假设连词“要是”等；有的“VP＋呢”中的动词仅限于“说”“看”“想”等。例如：

⑮他要是不同意呢？（＝他要是不同意怎么办呢？）

⑯要是资金不够呢？（＝要是资金不够怎么办？）

⑰老王，你看呢？（＝你看怎么办呢？）

c. 选择问句　选择问句是提出两种或两种以上的看法，希望对方选择一种做出回答的句子。选择问句的疑问焦点是对比疑问焦点，一般不由疑问代词充当。选择问句一般用复句的形式表示疑问，对比疑问焦点出现在不同的分句中，各分句往往借助关联词语“是……还是……”连接。选择问句所使用的语气词是“呢”，不用“吗”“吧”。例如：

⑱是﹨校长不同意，还是﹨书记不同意呢？

⑲老通宝，你是﹨卖茧子呢，还是﹨自家做丝？

⑳你是﹨支持，还是﹨反对，或者﹨置之不理？

选择问句各分句也读成平调或降调，不读成升调。读成平调时，疑问色彩较强；读成降调时，疑问色彩较弱。例如：

㉑他是不信任你？（→）还是另有原因？（→）

他是不信任你？（↘）还是另有原因？（↘）

选择问句回答的形式比较灵活，可以就问句中的一项回答，也可以全部否定而另作回答，但不能单独用“是”或者“不（是）”来回答。例如：

㉒问：你是喜欢听秦腔，还是喜欢听京剧？

答：秦腔。/喜欢秦腔。/秦腔好听。

京剧。/喜欢京剧。/京剧好听。

秦腔和京剧都喜欢听。

秦腔和京剧都不喜欢听。

秦腔有什么好听的？（可能喜欢京剧）

京剧有什么好听的？（可能喜欢秦腔）

还是黄梅戏好听。（言外之意是不怎么喜欢秦腔和京剧）

d. 正反问句　正反问句是用肯定否定并列的方式提问的句子。正反问句的疑问焦点是对比疑问焦点，在句中以“×不×”或“×没×”等疑问形式出现，其中“×”可以是动词或形容词。正反问句的句末可以不用疑问语气词，也可以用疑问语气词“呢”“啊”，但不能用“吗”或“吧”。例如：

㉓我们＼能不能按时回家？

㉔你＼是不是昨天来的呢？

㉕大家暂时不去想它，＼好不好？

正反问句也读成平调或降调，不读成升调。读成平调时，疑问色彩较强；读成降调时，疑问色彩较弱。正反问句之所以能读成平调或降调而不与陈述句相混，是由于它具有“×不×”或“×没×”等疑问形式。例如：

㉖登山者会不会出现意外？（→）

　登山者会不会出现意外？（↘）

正反问句的结构形式比较多，但是其基本特点是谓语部分的联合短语整体充当一个句子成分。联合短语“×不×”或“×没×”还经常出现省略形式。例如：

㉗你会讲英语不？（＝你会讲英语不会讲英语？）

㉘他去过西藏没有啊？（＝他去过西藏没有去过西藏啊？）

㉙你愿不愿意帮我？（你愿意不愿意帮我？）

正反问句的回答形式比较简单，只需在正反两种情况中选择一种回答即可。

（2）疑问句的疑问程度分类

从疑问程度看，疑问句可以分为有疑而问、猜度而问和无疑而问三种。

a. 有疑而问的疑问句 有疑而问的疑问句是问话人不了解问题的答案时所使用的疑问句，意在提出问题，以求回答。有疑而问时的疑问程度最高。不管是是非问句、特指问句、选择问句还是正反问句，都可以构成有疑而问的疑问句。如果使用疑问语气词，只能用“吗”或“呢”，不能用“吧”。例如：

①你是北京人吗？

②张经理为什么这样对我？

③他是不是没听见我的话？

④你是不想说，还是有什么难言之隐？

以上疑问句都是有疑而问的疑问句。

b. 猜度而问的疑问句 猜度而问的疑问句是问话人对问题的答案有一定的判断和了解，但又不能完全肯定时所使用的疑问句，意在提出问题，以求明确答案。猜度而问时的疑问程度低于有疑而问。只有是非问句才可能构成猜度而问的疑问句。如果使用疑问语气词，只能用“吧”，不能用“吗”“呢”。例如：

⑤或许我还能再见到他们吧？

⑥此时的儿子，大概最能体会到母亲内心那无尽的酸楚吧？

⑦这几只可爱的流浪猫会得到好心人的收养吧？

c. 无疑而问的疑问句 无疑而问的疑问句是问话人知道问题的答案，但有意用疑问形式提出问题时所使用的疑问句，意在引起听话者的注意或强调答案的明确无疑。是非问句、特指问句、选择问句和正反问句，都可以构成无疑而问的疑问句。这一类问句可以分为设问句和反问句两种。

设问句是问话人提出问题，并且自己作答时所使用的疑问句。设问的目的是引人注意，增强思考，使听者对答案印象更深。设问句如果有疑问语气词，可以是“吗”或“呢”，不能是“吧”。例如：

⑧为什么外语学不好？就是练得太少了！

⑨我们为什么要吃苦呢？就是为了让生活更加美好。

⑩你这样溺爱孩子对吗？肯定不对。

反问句是以问句形式表达确定内容，强调答案不言而喻时所使用的疑问句。反问句无须作答，但答案却明确突出。反问句如果要用疑问语气词，可以是“吗”“呢”。例如：

⑪历来如此就对吗？（是非问的形式）

⑫你怎么能相信这样的鬼话呢？（特指问的形式）

⑬骑摩托车飞越黄河，你说惊险不惊险？（正反问的形式）

⑭你是来帮忙的，还是来捣乱的？（选择问的形式）

反问句比陈述句的语气更强，其形式主要表现为是非问句、特指问句两种，如上例⑪⑫，也有正反问句和选择问句的形式，只是用得较少，如上例⑬⑭。

第五章　复句

一、什么是复句

复句是由两个或两个以上意义密切联系而结构互不包含的单句形式构成的语言单位。构成复句的各个单句形式称为分句。例如：

①不但学生应该尊重教师，整个社会都应该尊重教师。

②假如你一个人害怕，我就送你回去。

③过了那林，船便弯进了叉港，于是赵庄便真在眼前了。

例①由两个分句构成，分句之间是递进关系。例②也由两个分句构成，分句之间是假设关系。例③由三个分句构成，分句之间是顺承关系。

复句在结构上主要有下列特征：

第一，组成复句的各个分句在结构上相对独立，彼此没有包含关系，即互相不作句子成分。例如：

④青春难以永存，但是一个人的德才学识却可以永存。

⑤学习本民族的语言尚且要花许多力气，何况学习另一种语言呢。

例④由两个分句构成，两个分句各自独立，前边说“青春”如何，后边说“德才学识”如何，其间用关联词语“但是”连接，表示转折关系。例⑤的两个分句互不包含，各自说明一个道理，前一分句说明学习本民族语言要花大力气，后一分句说明学习其他民族的语言花的力气会更大；两个分句相对独立，但意思上又有联系，用“尚且……何况……”连接，表示前后是递进的关系。

⑥他在一篇文章里，主张打落水狗。

⑦“山重水复疑无路，柳暗花明又一村”的苦恼与喜悦，在写文章的过程中是常常会经历到的。

例⑥虽由一个逗号隔开，但仍是一个主谓句，“在一篇文章里”是状语。例⑦中“喜悦”后面的逗号，是主语与谓语之间的停顿，“山重水复疑无路，柳暗花明又一村”作主语中心语前面的定语，这就是包含与被包含的关系。所以，这两例都是单句，不是复句。

第二，构成复句的各个分句可以是主谓句，也可以是非主谓句；主语可以省略，也可以不省略。例如：

⑧油蛉在这里低唱，蟋蟀在这里弹琴。

⑨与其碌碌无为地混这一生，不如壮烈地死去。

⑩哪怕只有碗那样粗细，它却努力向上发展。

⑪刮风了，下雨了，天气慢慢冷起来了。

例⑧由两个分句构成，分句都是主谓句。例⑨的两个分句都是非主谓句。例⑩的前一个分句是省略句，省略了主语，后一分句是主谓句。例⑪的前两个分句都是非主谓句，最后一个分句是主谓句。

第三，一个复句只有一个统一的语调，句末有较大的停顿，书面上用句号、问号、感叹号等表示。分句之间有较小的停顿，书面上用逗号、分号或冒号等表示。例如：

⑫那些闪烁的亮光到底是江上的渔火，还是天上的星星？

⑬从此王胡瘟头瘟脑的许多日，并且再不敢走近阿Q的身边；别的人也一样。

⑭她一手提着竹篮，内中一个破碗，空的；一手拄着一支比她更长的竹竿，下端开了裂：她分明已经纯乎是一个乞丐了。

例⑫的两个分句之间用逗号表示停顿，句末用问号表示停顿，全句是统一的疑问语调。例⑬由三个分句构成，分句之间分别用逗号和分号，句末用句号，全句是陈述的语调。例⑭有六个分句，分别用逗号、分号、冒号表示分句间的停顿，句末用句号表示停顿，全句是陈述的语调。

第四，分句之间的关系有两种表示方法：一种是靠关联词语表示，另一种则不用关联词语。前者如：

⑮如果说白天的广州像座翡翠城，那么太阳沉没时，广州就成了一颗夜明珠。

⑯只要稍一松动，脚就抬不起来了。

例⑮用关联词语“如果……就……”连接分句，表示假设关系。例⑯用关联词语“只要……就……”连接分句，表示条件关系。

不用关联词语的分句主要依靠语序来表示分句之间的关系，这种方法称为意合法。例如：

⑰天空的霞光渐渐地淡下去了，深红的颜色变成了绯红，绯红又变为浅红。

⑱温柔的月光撒进秋妹家的小院，小院里显得格外恬静。

以上两例都未用关联词语，而是通过分句的排列顺序来组织各个分句的。

二、复句与单句的区分

复句与单句在结构上、关联词语的使用上、语音的停顿上都有所不同。

（一）从结构上区分

复句与单句最本质的区别表现在结构上。复句的各个分句具有相对的独立性，一个分句不作另一个分句的成分，即互不包含。所以，复句有不止一套句子成分，除了非主谓句构成的复句，一般复句都具有两个或两个以上的主语和谓语。但是，单句只有一套结构中心，不管其结构多么复杂，都只有一个主语和一个谓语或仅有一个谓语。例如：

①白杨树是不平凡的树，我赞美白杨树。

②那里四面是山，环绕着一潭春水。

③雨后，刮东风，才有海市。

例①有两个主语“白杨树”和“我”，谓语也各不相同，即具有两套句子成分，前后两部分互不包含，所以是复句。例②也有两套句子成分，第一部分的主语是“那里”，第二部分的主语省略了，各有自己的谓语，陈述的内容相对独立，所以是复句。例③的“雨后”是状语，后面是两个非主谓结构，各自独立，前后具有条件关系，所以也是复句。

④敌人进了直罗镇，真如同钻进了口袋。

⑤怎样叫这千万根毛竹顺顺当当地下山去，是井冈山建设者们曾经绞尽脑汁的大事。

⑥历史将证明，按“一国两制”实现国家统一的构想和实践，是中华民族政治智慧的伟大创造。

例④的“敌人进了直罗镇”和“真如同钻进了口袋”并不是各自独立的，而是存在互相包含、互作成分的关系。什么“真如同钻进了口袋”呢？是“敌人进了直罗镇”这件事，这就是陈述与被陈述的关系，即主谓关系，所以例④是单句。例⑤的“怎样叫这千万根毛竹顺顺当当地下山去”是动词“是”判断的对象，是被包含的，所以它只是一个句子成分，在句中作主语。例⑥的“证明”后也有一个表示判断的主谓结构，但这个主谓结构并没有独立性，它只是“证明”涉及的内容，所以作“证明”的宾语；从整体上看，全句只有一套句子成分，所以是单句。

（二）从关联词语上区分

关联词语是在复句中起连接作用的词语，主要包括一部分连词，如“不但、而且、虽然、但是、因为、所以、或者、如果”等，还有一部分起连接作用的副词，如“又、才、就、都、也”等，另外也包括一些起连接作用的短语，如“一方面、另一方面、一边、不是、而是”等。关联词语是分句之间意义关系的外在表现，因此，对关联词语的分析，是区分单句、复句的重要方面。例如：

①只要你到街上去走一转，你就可以碰着几个洋人。

②虽然我一见便知道是闰土，但又不是我这记忆上的闰土了。

例①的关联词语“只要……就……”连接两个分句，表示条件关系。例②的两个分句由关联词语“虽然……但是……”连接，表示转折关系。以上两例都是复句。

虽然复句的分句经常用关联词语连接，但是，有关联词语的句子不一定都是复句，因为关联词语不仅可以连接分句，还可以连接词或短语，甚至连接段落。所以，单句中有时也用关联词语，例如：

③这梨又大又甜。

④他平静地，而且还很有兴趣地看着这个游戏怎样进行。

⑤既异想天开，又实事求是，是科学工作者特

有的风格。

例③的“又……又……”连接两个形容词“大”和“甜”，是联合短语作谓语。例④用“而且”连接而成的联合短语作状语。例⑤的关联词语是“既……又……”，构成联合短语，是全句的主语。上面三例都是单句的句子成分内部使用了关联词语。

有时，关联词语在单句中连接不同的句子成分，起强调作用。例如：

⑥只有人民，才是创造人类历史的真正动力。

⑦只有探出身子的时候，才知道自己站在深不可测的山沟边。

⑧不论是从事科研工作的，还是从事教育工作的，都是劳动者。

⑨早期的语言研究，无论在中国还是在希腊，都是为了对经典文献作注释而引起的。

例⑥的“只有……才……”连接主语和谓语，强调主语的唯一性。例⑦的“只有……才……”连接状语和谓语中心语，强调了状语所表示的时间。例⑧的“不论……都……”连接主语和谓语，强调主语的周遍性；句子的主语由“是……还是……”连接两个“的”字短语构成。例⑨的“无论……还是……”连接状语内部的两个成分，再与“都”呼应，强调了状语的范围。

以上分析说明，复句和单句中都可能使用关联词语。但是，有时句子中用不用关联词语，却是区分复句与单句的关键所在。例如，单句中的连谓句与紧缩复句，二者的区分往往就表现在有无关联词语上。连谓句中连续使用的几个谓词之间不能有关联词语和语音停顿，否则就成了复句。例如：

⑩我起床锻炼身体。

⑪我一起床就锻炼身体。

例⑩是单句中的连谓句，由连谓短语作谓语。例⑪是复句中的紧缩复句，“一……就……”连接两个分句，表示顺承关系，分句间省略了语音停顿。

总之，单句中使用关联词语的现象也是比较常见的，在判断复句与单句时，应结合关联词语的具体使用情况加以辨析。

（三）从语音停顿上区分

一般来说，复句的分句与分句之间，都有语音停顿，书面上用逗号、分号或冒号表示。但是，单句的成分之间、成分内部，也经常用逗号表示停顿。例如：

①这些事情，是无论哪一个“友邦”也都有的。

②“山重水复疑无路，柳暗花明又一村”的苦恼与喜悦，在写文章的过程中是常常会经历到的。

③我到云南后，从家信中知道，我母亲对我这一举动不但不反对，还给我许多慰勉。

以上三例都是单句，句子中有一处甚至多处停顿。例①的逗号表示主语之后的停顿。例②有两处用逗号，前一个用在主语内部，后一个用在主语之后。例③有三处用了逗号，第一个用在状语之后，第二个用在述语之后，第三个用在宾语内部。又如：

④这位白发苍苍的老大娘，拄着根棍子，吃力地走着。

⑤随着山势，溪流时而宽，时而窄，时而缓，时而急。

以上两例都是复句。例④是由两个分句构成的复句，第一个逗号用在主语之后，第二个用在分句之间。例⑤由四个分句构成，第一个逗号用在由介词短语充当的状语之后，后面三个都用在分句与分句之间。

有时，句中有无语音停顿还是区分单句与复句的关键所在，单句中的连谓句与复句中的顺承复句的区别就表现在这一点上。如上所述，连谓句中连续使用的几个谓词之间不能有语音停顿和关联词语，否则就变成了复句。例如：

⑥几个青年妇女划着她们的小船赶紧回家。

⑦几个青年妇女划着她们的小船，赶紧回家。

例⑥是单句中的连谓句，由连谓短语充当谓语。例⑦是复句，因为主语后面已不再是连谓短语了，成了两个分句，后一分句承前省略了主语，分句之间是顺承关系。

三、复句的类型

根据分句间的意义关系，可以将复句分为联合复句和偏正复句两大类。联合复句的各个分句没有轻重和主次之分，可以分为并列、顺承、递进、选择、解说几个小类。偏正复句的各个分句有轻重和主次之分，正句是表意的重心，偏句的意思是从属的；偏正复句可以分为转折、假设、条件、因果、目的几个小类。

（一）并列复句

并列复句是由几个相互之间具有平等并列关系的分句构成的一种复句类型。这几个分句分别叙述相关的几件事情或同一事物的几个方面，内容没有先后主次之分。并列复句的各个分句有的依靠分句的排列顺序直接组合，有的依靠关联词语组合。常用的关联词语有“也”“又”“还”“同时”等。例如：

①狂风吹不倒它，洪水淹不没它，严寒冻不死它，干旱旱不坏它。

②奋斗，是改变现实的杠杆，是亿万人民共攀四化高峰的坚实阶梯。

③这是最旺的渔季，也是最热闹的海市。

④我拿下来打开看时，很吃了一惊，同时也感到一种不安和感激。

前后配合使用的关联词语有“既……也……”“又……又……”“一边……一边……”“一面……一面……”“一会儿……一会儿……”等。例如：

⑤它既不需要谁来施肥，也不需要谁来灌溉。

⑥小李一面擦汗，一面反驳。

⑦我和两个客人，一边饮酒，一边吸烟，一边畅谈。

还有一种并列复句，两个分句从肯定和否定两个方面对比着说明事情，称为对比句。对比句常用的关联词语有“不是……而是……”“是……不是……”“不是……是……”。例如：

⑧我们的比赛不是目的，而是为了锻炼队伍。

⑨不是说不要引人家的话，是说不要处处都引。

⑩这种结论，不是甲乙丙丁的现象的罗列，也不是夸夸其谈的滥调文章，而是科学的结论。

（二）顺承复句

顺承复句是由几个相互之间具有相继相承关系的分句构成的一种复句类型。这几个分句往往是按顺序说出连续发生的事情或出现的动作。例如：

①他坐在桌前，拿起昨天的报纸看起来。

②我悄悄地披了大衫，带上门出去。

上面两例未用关联词语。顺承复句常用的关联词语有“便、又、才、就、于是、接着、然后”，还有“最初……后来……”“先……接着……”等。例如：

③老头子使了一个眼色，阿Q便又被抓进栅栏门里了。

④隔壁传来倒茶的响声，接着是警卫员喊首长

接电话。

⑤我先是诧异，接着是很不安。

⑥先生最初这几天对我很严厉，后来却好起来了。

顺承复句与并列复句的区别是：并列复句的分句之间是平行并列的关系，位置可以前后调换；顺承复句的分句之间是连贯的关系、相继相承的关系，它们所描写的事物或动作在时间上有先后之分，并且这种先后顺序是需要强调的。例如：

⑦山朗润起来了，水涨起来了，太阳的脸红起来了。

⑧村人看见赵七爷到村，都赶紧吃完饭，聚在七斤家饭桌的周围。

从分句之间的关系看，例⑦是并列复句，例⑧是顺承复句。

（三）递进复句

递进复句是由几个相互之间具有层层递进关系的分句构成的一种复句类型。递进复句中，后一分句的意思往往比前一分句的意思更进一层，或由小到大，或由轻到重，或由少到多，或由易到难。

递进复句一般都用关联词语。单用的关联词语有“更、而且、并且、甚至、况且”等，常常出现在后一分句中。例如：

①他们两个都是好学生，小张则更突出。

②邮局离得很远，而且不通公共汽车。

③楼里楼外的一切，都那么新奇，甚至带有一点神秘色彩。

前后配合使用的关联词语有“不但……而且……”“不仅……还……”“不光……也……”等。例如：

④小华不但如期参加了专业技能比赛，而且获得了比赛优胜奖。

⑤这孩子不仅能听懂一些中国话，还能写不少中国字。

递进复句还可以由三个分句构成，形成连续递进的形式。例如：

⑥现在黄花闺女还嫁不出去，何况她这离过婚的、四十岁的女人，更何况她还有一个儿子。

还有一种递进复句，后一分句退一步说，来衬托前一分句，表示更进一层的意思。常用的关联词语是“尚且……何况……”“别说……都……”。例如：

⑦受过多年专业训练的人写起这类论文尚且觉得不易，何况他这样一个只上过几年初中的人呢。

⑧别说不让他去，连迟去一会儿都不乐意呢。

（四）选择复句

选择复句是由几个相互之间具有选择关系的分句构成的一种复句类型。这几个分句分别说出两种或多种情况，让人从中选择一种。根据选择的形式和关联词语的不同，可以分为任选句、必选句、取舍句三类。

1．任选句

任选句是表示或此或彼，任选其一的一种选择复句。此类复句带有商量的意味，语气比较缓和。常用的关联词语有“或”“或者”“还是”“是……还是……”等。例如：

①或者你今天不要回去，或者你明天再来。

②那船家或许是位手脚健壮的壮族妇女，或许是位两鬓花白的老人。

③你是和我在这儿说呢，还是去派出所交代？

2．必选句

必选句是非此即彼，必选其一的一种选择复句。此类复句的语气比较强烈和肯定。常用的关联词语有“不是……就是……”“要么……要么……”等。例如：

①不是鱼死，就是网破。

②不在沉默中爆发，就在沉默中灭亡。

③那些不了解他的人，要么对他产生误解，要么被他的才华惊倒。

3．取舍句

取舍句是表示提出两种情况，选择一种而舍弃另一种的一种选择复句。此类复句的语气比较坚决。常用的关联词语是“与其……不如（毋宁）……” “宁可……也不……”。

例如：

①宁可自己吃苦受累，也不能让孩子失去学习的机会。

②他宁肯把自己的手稿烧掉，也不愿把半生不熟的未经仔细加工的著作遗留于身后。

③与其来种荆棘，不如留下一片白地，让别的好园丁来种可以永久观赏的佳花。

（五）解说复句

解说复句是后面的分句对前面的分句进行解释、说明或总括的一种复句类型。解说复句各分句之间的关系可以是后一分句解释、说明前一分句，可以是先总说后分说，还可以是先分说后总说。

1. 后一分句解释、说明前一分句

此类复句的分句之间一般不用关联词语。例如：

①科学技术是第一生产力，这是无可置疑的真理。

②一事不做，凭空想象，那是“空想”。

③我记得中国有一句古老的格言，说“不入虎穴，焉得虎子”。

④我家后面有一个很大的园，相传叫作百草园。

以上几例都是后一分句对前一分句的全部内容或部分内容进行解释、说明，所以前后是解说关系。这种解说复句中的后

一分句常常由代词“这”“那”作主语，用以指代前面被解释、说明的内容，如例①②。

如果后一分句没有“这”“那”作主语，主语承前省略，谓语只是把前一分句的一部分内容作为陈述对象，如例④的“相传叫作百草园”陈述的只是前一分句的宾语“园子”；又如“老栓看看灯笼，已经熄了”的后一分句“已经熄了”只是对前一分句的宾语“灯笼”的说明。这种句子应分析为复句，因为逗号前后两部分不能构成整体上的主谓关系。

如果后一分句没有“这”“那”作主语，而且把前一分句整体作为陈述对象，那么就是主谓之间有语音停顿的单句。例如：

⑤取得第三场胜利，使中国队小组出线的希望大增。

⑥我感到未尝经验的无聊，是自此以后的事。

例⑤⑥都是单句，因为句中逗号前后两部分是陈述与被陈述的关系。如果在后一分句前加上“这”或“那”，则全句成为解说复句。

2. 先总说后分说

此类复句的分句之间一般不用关联词语。例如：

①文艺批评有两个标准，一个是政治标准，一个是艺术标准。

②那时是整顿三风：一是整顿学风，反对主观主义；二是整顿党风，反对宗派主义；三是整顿文

风，反对党八股。

3. 先分说后总说

此类复句的分句之间一般不用关联词语。例如：

①一面要致力读书，一面要关心政治，两方面要紧密地结合。

②或者把老虎打死，或者被老虎吃掉，二者必居其一。

（六）转折复句

转折复句是后一分句所表达的意思与前一分句的意思相反或相对的一种复句类型。转折复句中，前后分句往往有语义上的转折。转折关系的复句常常单用一个关联词语，如“但”“但是”“可是”“然而”等，通常置于后一个分句中。例如：

①在学校里，有些同学很“用功”，可是不会用思想。

②他一向相信自己敏感的触角，但他决不缩进那自卫的螺壳中去做 只可怜的蜗牛。

③她曾经是个柔弱的女孩子，可是岁月的风刀雕刻了她性格的刚毅。

④自然是伟大的，然而人类更伟大。

转折复句中前后搭配使用的关联词语有“虽然……但是（却）……”“尽管……可是……”“虽……但……”等。例如：

⑤老骗子，新骗子，大骗子，小骗子，尽管是一小撮，但是，沉痛的教训不能忘记。

⑥虽然二诸葛说是千合适万合适，小二黑却不认账。

⑦这时候雨虽然在哗哗地下着，可是，我的心已经不再焦躁了。

⑧尽管太阳是人类生存不可缺少的，但还是有人批评太阳的某些过失。

转折复句中还有一种轻转句，前后分句的意思没有明显的对立关系，转折语气较轻。例如：

⑨各种意见都要听，不过听了要作分析。

⑩两个人依旧来往，只是贴心话比从前少了。

⑪像吴三桂那样首鼠两端的人，在初对于自成本有归顺之心，只是尚在踌躇观望而已。

转折复句多用关联词语，但有的也可不用，分句间的转折关系是通过前后分句的意义来体现的。例如：

⑫一生中经历了那么多的磨难，他从未后悔过。

⑬天已经完全黑了，孩子们还没有回来。

（七）假设复句

假设复句是由几个在意义上是假设和结果关系的分句构成的一种复句类型。假设复句中，前面的分句往往提出假设的情况，后面的分句说明在这种情况下会出现的结果。假设复句各分句之间的关系，可以是假设与结果相一致，也可以是假设与结果不一致。

1. 假设与结果相一致

常用的关联词语有“就”“要”“便”“那么”，还有“如果……就……”“假设……就……”“要是……那么……”等。例如：

①如果不纠正这些缺点，我们的工作就无法更进一步。

②如果把自己关心自己的这个积极性转移到关心群众生活方面来，我想问题就容易解决了。

③倘使我们能够相信真有所谓“在天之灵”，那自然可以得到更大的安慰。

④如果说瞿塘峡像一道闸门，那么巫峡简直像江上一条迂回曲折的画廊。

⑤如果说进到天山这里还像是秋天，那么再往里走就像是春天了。

以上复句的前一个分句提出假设，按照常规来看，很自然地会得出后面的结果，所以说假设与结果具有一致性。

2. 假设与结果不一致

常用的关联词语有“纵然”“纵使”，还有“即使……也……”“即便……也……”“哪怕……也……”等。例如：

①即使他的主张只有一点或一部分是正确的，你们也必须替他指出，不可抹煞。

②哪怕就在房檐底下蹲一夜哩，也要节省下这两角钱！

③纵然不是栋梁之材，做一棵小草，总是可以的吧！

④就算是认识到了错误，又于事何补？

假设关系有时也可以不用关联词语。例如：

①一只手采不过来，你可以用双手去采。

②没有辛勤的劳动，不会有丰硕的成果。

（八）条件复句

条件复句是由几个有条件关系的分句构成的一种复句类型。条件复句中，前面的分句提出条件，后面的分句说明在满足这种条件时所产生的结果。条件复句可以分为充足条件句、必要条件句、排除条件句三类。

1. 充足条件句

充足条件句中，只要满足前一分句提出的条件，就一定会出现后一分句的结果。常用的关联词语有“只要……就……”“只要……便……”等。例如：

①只要在什么时候再听到那种歌声，那声音的影片便一幕幕放映起来。

②只要她愿意，我可以带她进山去，谁也查不到我们。

2. 必要条件句

必要条件句中，前一分句提出的条件对后一分句的结果来说是必要的、唯一的，如果缺少了这个条件，就不会产生后面的结果。常用的关联词语是“只有……才……”“除非……才……”等。例如：

①在这种情况下，只有放下一切杂念，才会在辩论中有好的表现。

②只有把这些弄清楚了，我们的文艺才能有丰富的内容和正确的方向。

③除非是反革命的文艺家，才有所谓人民是“天生愚蠢的”，革命群众是“专制暴徒”之类的描写。

3. 排除条件句

排除条件句中，前面的分句表示排除一切条件，后面的分句说明在任何条件下都会产生的结果。常用的关联词语有“不管……都……”“无论……都……”“无论……也……”“无论……都是……”等。例如：

①谎言不管重复多少遍，都不会成为事实。

②不管哪一位媒人登门，她都只当是夜猫子进宅。

③无论他在哪里工作，战士和临时工有事没事都喜欢和他在一起。

排除条件句表面上看似不讲条件，实际上这正是一种条件。这种条件在于强调情况受到的限制少，或范围很宽泛，即使如此也会导致后面的结果。

（九）因果复句

因果复句是由几个在意义上是原因和结果关系的分句构成的一种复句类型。根据分句之间意义的不同和关联词语的特点，因果复句可以分为说明因果句、推论因果句两类。

1. 说明因果句

说明因果句是一个分句说出既成的事实，另一个分句说出由这种事实引出的结果的一种因果复句。常用的关联词语有“因为……所以……”“由于……因此……”“之所以……是因为……”等。例如：

①因为有了广博的知识作基础，所以他能够筑起学术的高塔。

②青蛙之所以有这样一套特殊本领，是因为它有一双机能优异的大眼睛。

③由于各拱相连，所以这种桥叫作连拱桥。

④有些同志不愿听缺点和错误，还由于缺少一种革命者所必须具有的宽阔胸襟。

⑤现在大家纪念他，可见他的精神感人之深。

2. 推论因果句

推论因果句是一个分句提出某种理由或依据，另一分句以此为基础推断出可能产生的结果的一种因果复句。常用的关联词语是“既然……那么……”“既然……就（便）……”。例如：

①既然大家已经知道了事情的真相，你就不要再遮遮掩掩的啦。

②既是婆婆让她回去，那有什么话可说呢？

③既然我们不是内行，便应该从头学起。

（十）目的复句

目的复句是一个分句表示某种行为，另一个分句说明行为的目的的一种复句类型。目的复句可以分为达到目的句、避免结果句两类。

1. 达到目的句

达到目的句是表示行为要达到某种目的的一种目的复句。常用的关联词语是“以”“好”“以便”“为了”“用以”等。例如：

①老赵尽力使车子跑得平稳，以便总指挥睡得安宁。

②我国经济体制改革的目标是建立社会主义市场经济体制，以利于进一步解放和发展生产力。

③我早已想写一点文字，来记念几个青年的作家。

④你离间我们齐楚两国的邦交，好让秦国来奴

役我们。

2．避免结果句

避免结果句是表示行为要避免某种结果的一种目的复句。常用的关联词语是“以免”“免得”“省得”等。例如：

①你一到学校就给家里打电话，以免母亲担心。

②我们快走吧，免得他等急了。

③我们就是加班也要把这些活干完，省得明天再来。

四、多重复句

（一）什么是多重复句

根据结构层次的多少，复句可以分为一重复句与多重复句两大类。一重复句是只有一个结构层次的复句，多重复句是具有两个或两个以上结构层次的复句。多重复句最少要有三个分句。例如：

①1因为中国有自己的特点，|（因果）2所以我们只能按中国的实际办事，||（并列）3别人的经验可以借鉴，|||（转折）4但不能照搬。

这个复句有四个分句，包含三个结构层次。第一分句表示原因，第二、三、四分句表示结果，用“因为……所以……”关

联，这是第一层，用“|”表示。第二分句和第三、四分句是并列关系，这是第二层，用“‖”表示。第三分句与第四分句是转折关联，用“但”连接，这是第三层，用“‖|”表示。它们之间的关系用图解法表示如下：

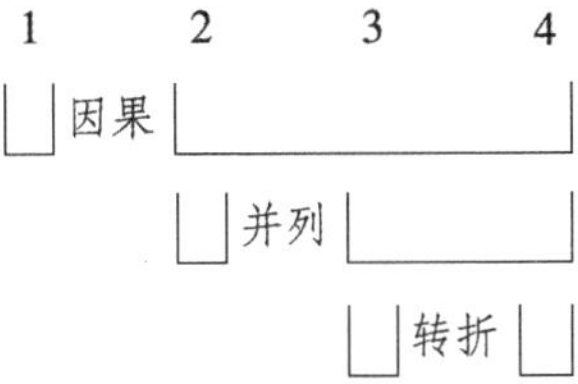

多重复句至少要包含三个或三个以上的分句，但是包含三个或三个以上分句的复句不一定是多重复句。因为多重复句的构成，除了分句数目的要求以外，还有结构层次上的要求，必须要有两个或两个以上的结构层次。下面的复句虽然包含的分句多，但并不是多重复句。

②他们的品质是那样的纯洁和高尚，|（并列）他们的意志是那样的坚韧和刚强，|（并列）他们的性格是那样的淳朴和谦逊，|（并列）他们的胸怀是那样的美丽和宽广！

③“乡亲”还沽了一点酒，|（顺承）向熟肉店里买了一点肉，|（顺承）回到停泊在万盛米行船埠头的自家的船上，|（顺承）又从船梢头拿出盛着咸菜和豆腐汤之类的碗碟来，|（顺承）便坐在船头开始喝酒。

例②有三个分句，都是同一层次上的并列关系。例③有五个分句，都是同一层次上的顺承关系。所以，这两例都不是多重复句，但也应该看到，意义关系相同的分句未必都处于同一个层次。例如：

④我爱热闹，‖并列 也爱冷静；|并列 爱群居，‖并列 也爱独处。

例④的四个分句都是并列关系，但在结构上具有两个层次，前两个分句与后两个分句构成第一层。第一与第二分句是第二层，第三与第四分句也是第二层。所以例④是二重复句。

（二）如何分析多重复句

分析多重复句可以按下列方法和步骤进行。

1．总观全句，确定分句数目

确定分句数目是分析多重复句的基础，如果分句数目判断不准确，就不会有正确的分析。为了确定分句的数目，必须反复阅读全句，根据前面区分单句与分句的有关知识，结合句子结构上的特点加以确定。要特别注意句首状语、独立语与分句的不同，句子成分之间的停顿与分句之间停顿的区别。例如：

①1我们的干部，特别是担任主要工作的领导干部，都要懂得一些专业知识，|解说 2不但要懂得本部门的有关知识，‖递进 3而且应该懂得多一些，深一些。

例①包含三个分句，具有两个结构层次。“我们的干部”是主语，不是分句，其后的逗号表示主谓之间的停顿。“特别是担任主要工作的领导干部”是独立语，不是分句。“多一些，深一些”是联合短语作补语，不是两个分句，中间的逗号是补语内部的停顿。

②1 只有读书的人，才懂得书的重大价值，|（转折）2 但是，书籍不仅对那些不懂书的人毫无用处，‖（递进）3 而且对那些不懂得读书方法的人，也没有多大的用处。

例②包含三个分句，具有两个结构层次。“只有读书的人”是主语部分，用“只有……才……”连接主语和谓语，对主语加以强调，“人”后的逗号表示主谓之间的停顿。“对那些不懂得读书方法的人”是介词短语作状语，此状语之后有停顿，不要把状语误认为分句。

有时，句子结构看起来较复杂，其实未必是多重复句。例如：

③1 二六七号牢房是朝北的，|（并列）2只有在夏季里，太阳快落下去的时候，才把栅栏的影子斜射在东墙上一会儿。

例③只有两个分句，不是多重复句。其中的“只有在夏季里”，“只有”是连接主语与谓语的连词，“在夏季里”是介词短语。“太阳快落下去的时候”是偏正短语。以上两个短语都是状语，不要误认为是两个分句。

2. 注意关联词语，找准第一层

找准第一层是分析中的关键一步。因为第一层分析正确了，才能准确反映整个复句的基本意思，使处于较小层次的分句间的逻辑关系更加清晰。如果第一层错了，就会直接影响后面的分析，其余层次就很难分析正确。为了确定第一层，应特别关注关联词语，弄清关联词语之间的意义关系、关联词语的管辖范围，以及相互呼应和包含的关系。例如：

①1 如果不推翻帝国主义的统治，‖（假设）2 就不能消灭封建地主阶级的统治，|（因果）3 因为帝国主义是封建地主阶级的主要支持者。

例①包含三个分句，具有两个结构层次。第一层究竟划分在哪里合适？是在第一、二分句之间，还是在第二、三分句之间？从意义上分析，第三分句是第一、二分句的原因，所以第一层应划分在第三分句之前。第一分句与第二分句之间是第二层，表示假设关系。如果将第一层划分在第一分句与第二分句之间，则第二分句与第三分句之间的因果关系不明确，也破坏了第一、二分句之间“如果……就……”的呼应关系，所以是错误的。

②1 一个作家，无论他观察生活的能力有多强，‖（并列）2 写作水平有多高，|（条件）3 没有对生活的全面了解和积累，‖（假设）4 也是难于写出好作品的。

例②包含四个分句，具有两个结构层次。关联词语“无论”统辖第一、二两个分句，表示条件，第三、四分句表示结果，所以第一、二分句与第三、四分句是第一层。第一、二分句之间是并列关系，属于第二层；第三、四分句之间是假设关系，也是第二层。

3．逐层分析，直至分句

这是分析的基本操作方法。第一层确定之后，用单竖线表示，并用文字标明关系；然后再分析单竖线两边的部分，分别找出第二层，用双竖线表示，并标明关系。如果剩余的部分还包含两个或两个以上的分句，继续依照上述方法分析出第三层、第四层等，一直分析到单个分句为止。例如：

1文章是客观事物的反映，‖（转折）2事物是曲折复杂的，|||（因果）3必须反复研究，||||（条件）4才能反映恰当；|（并列）5在这里粗心大意，‖（假设）6就是不懂得做文章的起码知识。

（三）多重复句分析例解

1．二重复句

①1因为文字是特权者的东西，|（因果）2所以它就有了尊严性，‖（递进）3并且有了神秘性。

例①包含三个分句，具有两个结构层次。第一分句说明原因，后两个分句说明结果，这是第一层。后两个分句是递进关系，共同表示结果，是第二层。

②1 一个人如果没有理想，‖(并列) 2没有崇高的生活目标，|(假设) 3就不可能把个人的才能充分发挥出来，‖(并列) 4也不可能成就一番事业。

例②包含四个分句，具有两个结构层次。前两个分句表示假设，后两个分句表示结果，用关联词语“如果……就……”连接，这是第一层。第一、二分句是并列关系，属于第二层；第三、四分句用“也”表示并列关系，也是第二层。

③1 他后来还托他的父亲带给我一包贝壳和几支很好看的鸟毛，‖(并列) 2我也曾送他一两次东西，|(转折) 3但从此没有再见面。

例③包含三个分句，具有两个结构层次。最后一个分句与前两个分句之间是转折关系，第一、二分句之间是并列关系。

④1 现在看起来围墙不仅有实用价值，|(递进) 2而且富有装饰的意味，‖(并列) 3它对形成建筑群落特有的风格有着非常重大的意义。

例④包含三个分句，具有两个结构层次。第一分句与后两个分句形成第一层，用关联词语“不仅……而且……”连接，表示递进关系。后两个分句是并列关系，属于第二层。

⑤1 我们瞧不起前一种人，‖(因果)2说他们是空想家，|(转折)3可是往往赞美后一种人，‖(因果)4说他们能埋头苦干。

例⑤包含四个分句，具有两个结构层次。第一层在第二、三分句之间，用关联词语“可是”表示转折关系。前两个分句之间是因果关系，后两个分句之间也是因果关系。

⑥1 只有通过法院判决，|(条件)2此事才能得到有效解决，‖(并列)3正义得到伸张，‖(并列)4矛盾得以平息。

例⑥包含四个分句，具有两个结构层次。第一分句表示条件，后三个分句表示结果，用关联词语“只有……才……”连接，这是第一层。后三个分句处于同一个层次上，都是第二层，相互之间是并列关系。

⑦1 不单是懂得希腊就行了，‖(递进)2还要懂得中国；|(并列)3不但要懂得外国的历史，‖(递进)4还要懂得中国革命史；|(并列)5不但要懂得中国的今天，‖(递进)6还要懂得中国的昨天和前天。

例⑦包含六个分句，具有两个结构层次。两个分号将句子分成三个平行的部分，相互之间都是并列关系，构成第一层。这三个部分中的两个分句都是递进关系，用关联词语“不单（不但）……还……”连接，均为第二层。

⑧1 纺线有几种姿势：|(解说)2可以坐着蒲团纺，‖(并列)3

可以坐着矮凳纺，‖（并列）4也可以把纺车垫得高高的站着纺。

例⑧包含四个分句，具有两个结构层次。第一分句与后面的三个分句是解说关系，先总说有几种姿势，后面对每种姿势再具体说明，这是第一层。后面三个分句都是同一层次上的并列关系，是第二层。

⑨1我真想挺身而出，‖（目的）2来保护这并不值钱的文物，|（转折）3可是我没有胆量，‖（因果）4只能看着竹片在大刀和铁棍下飞扬。

例⑨包含四个分句，具有两个结构层次。第一、二分句与第三、四分句构成第一层，是转折关系，用关联词“可是”连接。前两个分句是目的关系，“挺身而出”的目的是“保护文物”，属于第二层。后两个分句是因果关系，也是第二层。

⑩1我们付了学费，‖（并列）2也吃了一些亏，|（转折）3但是重要的是，我们正在积累本领，‖（递进）4而且已经开始取得效果。

例⑩包含四个分句，具有两个结构层次。前两个分句与后两个分句是第一层，用“但是”表示转折关系。前两个分句之间是并列关系，用“也”表示，属于第二层。后两个分句之间是递进关系，用关联词“而且”连接，也是第二层。

2. 三重复句

①1如果我们既放下了包袱，‖|（并列）2又开动了机器，

并列　　　　并列　　　　假设
‖3既是轻装，‖4又会思索，｜5那我们就会胜利。

例①包含五个分句，具有三个结构层次。前四个分句表示假设，最后一个分句表示结果，这构成了第一层。前四个分句虽然都是并列关系，但并不处于同一个层次上，第一、二分句与第三、四分句是第二层。第一、二分句之间，第三、四分句之间都是并列关系，构成第三层，分别用关联词语“既……又……”连接。

　　　　　　　　　　　　解说
②1这正如地上的路；｜2其实地上本没有路，
并列　　　　　因果
‖3走的人多了，‖4也便成了路。

例②包含四个分句，具有三个结构层次。第一分句与后面的三个分句构成第一层，后面三个分句解释为什么“正如地上的路”，是解说关系。第二层在第二分句与第三、四分句之间，是并列关系。第三、四分句是第三层，说明路形成的原因。

③1实现这两个阶段的目标，需要两个条件，
解说　　　　　　　　　　并列
‖2一个是国际上的和平环境，‖3另一个是国内安
　　　　　　　目的
定团结的政治局面，｜4使我们能有领导有秩序地进行社会主义建设。

例③包含四个分句，具有三个结构层次，其中“实现这两个阶段的目标”不是一个分句，它与“需要两个条件”是主谓关系。前三个分句与最后一个分句构成第一层，是目的关系。

第一分句与第二、三分句构成第二层，后者具体说明“两个条件”是什么，所以相互之间是解说关系。第二、三分句之间是并列关系，属于第三层。

④1 司机一再按喇叭，‖(转折)2他毫不理睬，|||(并列)3没有把牛往旁边赶一赶让路的意思，|(因果)4汽车只好减慢了速度。

例④包含四个分句，具有三个结构层次。第一层在前三个分句与第四个分句之间，说明汽车为什么减慢了速度，是因果关系。第二层在第一分句与第二、三分句之间，是转折关系。第三层在第二、三分句之间，是并列关系。

⑤1 鲁镇的酒店的格局，是和别处不同的：|(解说)2都是当街一个曲尺形的大柜台，‖(并列)3柜里面预备着热水，|||(目的)4可以随时温酒。

例⑤包含四个分句，具有三个结构层次。第一分句与后面三个分句构成第一层，说明鲁镇的酒店和别处的不同在什么地方，是解说关系。第二分句与第三、四分句构成第二层，是并列关系。第三层在第三、四分句之间，说明“预备着热水”是为了“随时温酒”，是目的关系。

3. 四重以上的复句

①1 想有乔木，||||(并列)2想看好花，|||(假设)3一定要有好

　　　并列　　　　　　假设　　　　　　因果
土，‖4没有好土，|||5便没有花，|6所以土实在较花木还重要。

例①包含六个分句，具有四个结构层次。第六分句与前面所有的分句构成第一层，前面的分句都是说明为什么“土实在较花木还重要”，所以第一层是因果关系。前三个分句与第四、五分句构成第二层，从正反两方面陈述土与花木的关系，二者是并列关系。前两个分句与第三分句构成第三层，是假设关系。同样，第四、五分句之间也是假设关系。第一、二分句之间是并列关系。

　　　　　　　　　　　并列　　　　　　　并列
②1你永远那么青翠，|||2永远那么挺拔，‖3风

　　　转折　　　　　并列　　　　　转折
吹雨打，||||4从不改色，|||5刀砍火烧，||||6永不低

　　解说
头：|7这正是英雄的井冈山人，也是亿万中国人民的革命气节和革命精神。

例②包含七个分句，具有四个结构层次。第一层在第七分句与前面六个分句之间，第七分句对前面六个分句的内容加以解释，是解说关系。第一、二分句与后面四个分句构成第二层，是并列关系。其他分句可再依次分析。分析这个复句时最容易出现错误的地方是最后一个逗号处，“也是亿万中国人民的革命气节和革命精神”是不是一个分句？不是。因为这一部分内容与“这正是英雄的井冈山人”构成了一个分句，其中的“也是亿万中国人民”是插入语，是对“英雄的井冈山人”的进一步说明和扩展。另外，如果把逗号后面的部分

作为一个分句，那么，"这正是英雄的井冈山人"则无法与前面的分句形成可理解的意义关系。

③1 他生怕被人笑话，‖（因果）2立志要画得圆，|（转折）3但这可恶的笔不但很沉重，||||（递进）4并且不听话，|||（解说）5刚刚一抖一抖的几乎要合缝，||||（转折）6却又向外一耸，‖（因果）7画成瓜子模样了。

例③包含七个分句，具有四个结构层次。第一层在前两个分句与后面五个分句之间，是转折关系，由关联词语"但"连接前后两部分。前面第一、二分句之间是第二层，是因果关系。后面第二层在第七分句之前。第七分句之前的四个分句都是说明"画成瓜子模样"的原因的，所以是因果关系。第三、四分句与第五、六分句构成第三层，是解说关系，因为第五、六分句是具体解释笔怎么样"不但很沉重，并且不听话"的。

④1 社会现象是错综复杂的，|（因果）2如果简单地看问题，‖（假设）3就容易对新形势下产生的事物好坏不分，||||（并列）4是非不明，|||（递进）5甚至混淆功与过的界限。

例④包含五个分句，具有四个结构层次。第一层在第一分句与后面所有分句之间，后面四个分句是第一分句的原因，所以是因果关系。第二层在第二分句与后面三个分句之间，是假设关系，由关联词语"如果……就……"连接。

⑤1管理决策中有一个理论叫“木桶理论”，解说|2假若组成木桶的木板长短不齐，假设||3那么木桶的盛水量不取决于最长的那块，并列||||4也不取决于木板的平均长度，并列|||5而是取决于最短的那块木板。

例⑤包含五个分句，具有四个结构层次。第一层在第一分句与后面四个分句之间，是解说关系，后面的几个分句说明“木桶理论”的具体内容。第二层在第二分句与后面的几个分句之间，是假设关系，由关联词语“假若……那么……”连接。最后三个分句虽然都是并列关系，但是并不在一个层次上，第三层在第五分句前，用关联词语“而是”连接。第四层在第三、四分句之间，是并列关系。

⑥1这些就应该先行打它落水，顺承||2又从而打之；并列|3如果它自坠入水，假设||4其实也不妨又从而打之，转折|||5但若是自己过于要好，假设|||||6自然不打亦可，转折||||7然而也不必为之叹息。

例⑥包含七个分句，具有五个结构层次。第一层在前两个分句与后面几个分句之间，是并列关系，分别说明对岸上之狗和自坠入水之狗的态度。第一、二分句之间是第二层，是顺承关系。后面的第二层在第三、四分句之间，是假设关系。第三层在第五分句之前，是转折关系，用关联词“但”连接。第四层在第七分句之前，是转折关系。第五层在第五、六分句之间，是假设关系。

⑦1深更半夜没有睡的只有两家：｜（解说）2一家是咸亨酒店，｜｜｜（解说）3几个酒肉朋友围着柜台，｜｜｜｜（顺承）4吃喝得正高兴；｜｜（并列）5一家便是间壁的单四嫂子，｜｜｜（解说）6她自从前年守了寡，｜｜｜｜｜（因果）7便须专靠着自己的一双手纺出棉纱来，｜｜｜｜｜｜（目的）8养活她自己和她三岁的儿子，｜｜｜｜（因果）9所以睡的也迟。

例⑦包含九个分句，具有六个结构层次。第一层在第一分句与后面八个分句之间，是解说关系。第二层在第三、四分句与后面五个分句之间，分别对没有睡的两家加以描写，是并列关系。应注意的是第六分句“她自从前年守了寡”，“自从前年”是介词短语作状语，从时间上修饰“守了寡”，不应把“自从前年守了寡”整体分析为介词短语。第六分句与后面两个分句之间是因果关系。

⑧1不论是口头的还是书面的，｜｜（条件）2不仅要能够听懂别人的话，｜｜｜｜（并列）3看懂别人的文章或报告，｜｜｜（递进）4而且要能够说明白或写清楚自己的意见，｜｜｜｜（目的）5使别人能听懂我们的话，｜｜｜｜｜（并列）6看懂我们写的东西，｜（因果）7因此就要在语法修辞上下功夫。

例⑧包含七个分句，具有五个结构层次。第一层在前面六个分句与第七分句之间，是因果关系。第二层在第一分句与后面五个分句之间，是条件关系。

五、复句的变化与紧缩

（一）分句位置的变化

复句中分句的顺序一般是按一定的语法和逻辑关系安排的。为了表达上的需要，可以改变分句的排列顺序。这种顺序的变化主要表现于因果、假设、条件、转折、选择等复句中。例如：

①我对他很恭敬，因为我早听到，他是本城中极方正，质朴，博学的人。

②这些怪样的家具之所以成为必要，是因为这里有一个茶社。

③七斤嫂这时从直觉上觉得事情似乎有些不妙了，因为咸亨酒店是消息灵通的所在。

以上三例都是因果复句语序的变化，将表示结果的分句前置，突出了结果。

④倘是咬人之狗，我觉得都在可打之列，无论它在岸上或在水中。

⑤我是怎么也不会向这些人道歉的，无论周围的人怎样劝说。

⑥打死不要紧，只要不是罚工钱停生意。

以上三例都是条件复句，分句的语序发生变化，将表示结果的分句前移，表示条件的分句后移，使语言表达显得更委婉一些。

⑦他的性格，在我的眼里和心里是伟大的，虽然他的姓名并不为许多人所知道。

⑧他不愿交罚款，宁愿去吃官司。

例⑦是转折复句，将偏句调至正句之后，使偏句“虽然……”带有补充说明的意思。在正常情况下，偏句表达的意思是次要的、从属的，通常前置；正句表达的意思是主要的、核心的，通常后置。例⑧是选择复句，也是将偏句与正句的位置倒置。

⑨我们不应该找理由为自己开脱，如果没有把发展经济的工作做好的话。

例⑨是假设复句，两个分句位置的变化突出和强调了前一分句的内容，使后一分句带有补充说明的意味，也使意思的表达显得委婉含蓄、富于变化。

（二）紧缩复句

紧缩复句是把分句之间的语音停顿和某些词语压缩掉，使两个分句的结构紧密地结合在一起的一种复句类型。紧缩复句是用单句的形式表达复句的内容。从形式上看像单句，但不是单句；从意义上看，紧缩复句也像一般的复句一样，内部有并列、顺承、选择、转折、假设、条件、因果等关系。例如：

①人怕出名猪怕壮。(并列关系)

②一躺下就睡着了。(顺承关系)

③不是鱼死就是网破。(选择关系)

④秤砣虽小压千斤。(转折关系)

⑤出了问题我负责。(假设关系)

⑥有付出才会有收获。(条件关系)

⑦家藏狐狸鸡不宁。(因果关系)

紧缩复句中所包含的两个分句的主语可以相同，也可以不同，可以省略，也可以不省略。例如：

⑧你不说你吃亏。(主语相同)

⑨你不去我去。(主语不同)

⑩他要去就去。(后一个主语省略)

⑪不到黄河心不死。(主语全省略)

从关联词语的有无以及具体的使用情况来看，紧缩复句有三种情况：不用关联词语、单用一个关联词语、成套使用关联词语。

第一类，不用关联词语。例如：

⑫雪怕太阳草怕霜。

⑬缴枪不杀！

⑭你不干我干。

⑮他做什么像什么。

第二类，单用一个关联词语，如“就、才、也、都、又、却”等。例如：

⑯你有话就说。

⑰吃饱了才有劲。

⑱你打死我也不说。

⑲想看又不敢看。

第三类，成套使用关联词语，前后呼应。例如：

⑳人一抬头就可以望见清明的长空。（一……就……）

㉑不见兔子不撒鹰。（不……不……）

㉒学习语言非下苦功不可。（非……不……）

㉓时间再长也感到短。（再……也……）

㉔你不说我也知道。（不……也……）

㉕他们越走越快。（越……越……）

第六章　句子常见的语法错误

学习语法，不仅要从书本上学，还要从实践中学，不仅要从正面掌握语言结构规律，还要从反面识别常见语法错误。加强对语法错误的识别与语法分析的训练，是把知识转为能力的有效手段，是提高语言分析与运用能力的重要环节。

所谓病句，通常指不合语法、不合逻辑、不合修辞，含混不清、令人费解的句子。语法、逻辑与修辞三者有密切的联系。修辞必须以合乎语法规范为基础，而语法中讲的搭配问题也常与逻辑有关，但是也不能将它们等同起来。例如，有些习惯说法像“恢复疲劳”“打破大锅饭”“救火”等就不能按常规的述宾关系去理解。又如“差点跌倒了”与“差点没跌倒”，“上班前去医院”与“没上班前去医院”，同一个意思有并行的两种相反的表达形式，这是人们的习惯表达方式。有的表面看起来不合逻辑，但它是社会成员约定俗成的，表意明确，不会引起误解，所以不应视为病句。另外，还要注意语法与修辞的区分。例如，“建筑是凝固的音乐”不能理解为语法上的主语与宾语搭配不当，这是比喻辞格的运用。又如，“天寒热泪冻成冰，冻不住我心头的爱和憎”是拈连辞格的运用，不应认为“冻”与“爱和憎”述宾搭配不当。修改病句的关键是找出句子的错误并分析出造成错误的原因，然后才能对症下药，做到正确的修改。

检查病句的方法是多种多样的，比较常用的有语感直判法、简缩法、类比法三种。

第一种，语感直判法。人们在长期的语言实践中，都会形成对语言运用总体上的感觉，且较习惯于正确的表达形式。如果读起来比较别扭，听起来不顺当，往往就是句子错误的反映，通过反复阅读，就可以找出语病来。例如：

①＊我们把球队的训练和管理工作不做好是不行的。

读例①时，会感到“不”的使用很别扭，如果把它调一下位置，放在“把”的前面，马上就觉得顺当了。因为在人们的表达习惯中，“把”字句中的否定副词通常是不放在“把”字后面的。又如：

②＊我们去九寨沟旅游的时间还没有确定起来。

读到例②时，可能会觉得“确定起来”比较别扭，因为这不符合人们的表达习惯，换成“确定下来”，读起来就顺畅了。

第二种，简缩法。在检查句子的语法错误时，可采用“去枝叶，找主干”的方法，即“简缩法”。运用这种方法，首先要统观全句，在正确把握句子结构和内容的基础上，压缩掉句子的修饰成分定语、状语、补语，这就是“去枝叶”；剩下来的就是主干部分，即主语中心语、谓语（述语）中心语、宾语中心语。然后分析主干成分有没有残缺、多余或搭配不当等问题。如果主干成分没有问题，再以同样的方法检查定语、状语、补语。例如：

③＊昨天在西安碑林的游览，是我们暑假活动

中最愉快的一天。

④*周末大扫除时，同学们把教室和宿舍打扫得干干净净、整整齐齐。

例③简缩以后，主干是“游览是一天”，主语中心语“游览”与宾语中心语“一天”搭配不当。如果将“一天”改为“活动”，主干成了“游览是活动”，可以搭配，全句也就正确了。例④用同样的方法可以简缩为“同学们打扫”，主干部分没有问题。然后检查枝叶，可以说“打扫得干干净净”，但不能说“打扫得整整齐齐”，看来问题出在补语上。补语由联合短语充当，但谓语中心语只能与联合短语的一部分搭配，而不能与另一部分搭配，顾此失彼，因而造成错误。这里可将“整整齐齐”删掉，或在“整整齐齐”前面加上“布置得”三个字，同时将顿号改为逗号，句子就通顺了。

第三种，类比法。检查病句时，可以联系相同的格式，通过互换比较加以判断。例如：

⑤*这里农民的生活水平在十一届三中全会以后不断增加。

“生活水平……不断增加”的说法对不对呢？能不能说“技术水平增加”“健康水平增加”？不能。人们经常说“技术水平提高了”“健康水平提高了”“艺术水平降低了”等，所以“水平”一词可以与“提高”“降低”搭配，不能与“增加”“减少”搭配。例⑤的“增加”应改为“提高”。又如：

⑥*他怀着一颗激动的心情登上了领奖台。

例⑥的中心成分“他登上领奖台”显然没有错误，“怀着……

心情”也是常见的说法，如“怀着愉快的心情”“怀着痛苦的心情”等。再检查“一颗激动的心情”，可以看出，中心语“心情”可以受“激动”的修饰，但不能受“一颗”的修饰，可以说“一颗种子”“一颗珍珠”“一颗红心”，但不能说“一颗情绪”“一颗情感”。通过分析可以知道，“一颗”一般修饰小而圆的具体的事物，但不能修饰抽象的事物，所以例⑥的“一颗”可以改为“一种”，或者将“一颗”删去，无论使用哪种方法，句子都是通顺的。

修改病句最基本的要求是尊重原句的意思，原句没有的意思不要添，原句的基本意思尽量不要删。也就是要最大限度地保持原意，最小范围地增删文字。例如，“这个连一共击落敌机一架、坦克五辆”这个句子的错误在于“击落”与“坦克”不能搭配。修改时，可以有三种改法：第一种是将“坦克五辆”删去；第二种是将“坦克五辆”改为“火箭两枚”；第三种是在“坦克五辆”前加“击毁”，并将顿号改为逗号。以上三种改法都可以使句子通顺，但应该选择第三种改法，而不用前两种。因为第一种改法对句子的重要信息删除过多，第二种改法增添了原句没有的内容，第三种改法对句子的变动最小，所以最合理。总之，一个病句的改法可能有多种，应选择最合理的一种来修改。

下面通过实例分析，谈谈句子常见的语法错误和修改的办法。

一、词类误用

不同的词类具有不同的语法功能，它们的组合能力和充当句子成分的能力有很大的差异，如果对这一点不了解或疏忽大意，就会导致词类误用。下面仅列举一些常见的误用情况，主要集中在名词、形容词、动词三者之间的误用上。

（一）名词误用为动词

有时名词会被误用为动词。例如：

①＊他的想法刚一说出，就遭到几个男同学的异议。

②＊收割机突然故障，紧张的夏收工作被迫中断。

③＊长期以来，他就愿望着有进入高等院校学习的机会。

④＊这些山区的失学儿童多么渴望一个学习的机会啊。

例①的“异议”是名词，误用为动词。述语“遭到”一般应该带动词性宾语，如“遭到反对”“遭到否定”“遭到打击”“遭到讥笑”等，不能带名词性宾语。所以可以将“异议”改为“反对”。例②的“故障”是名词，误用为动词。名词一般情况下很少做谓语，应该在“故障”前加“发生”，让名词“故障”作宾语，句子就通顺多了。例③的“愿望”是名词，不能带宾语，应将“愿望”改为动词“盼望”。例④的“渴望”不能带名词性宾语，但可以带动词性宾语，如“渴望工作”“渴望学习”等，所以可以在“渴望”后加“有”，构成“有……机会”，句子就通顺了。又如：

⑤＊把青草做适当处理来喂猪，可以经济饲料。

⑥＊卡塔尔天气热似蒸笼，哈吉疑惑中国队体力。

⑦＊陶渊明在他的文章中理想了一个充满和平宁静的美妙世界。

例⑤的“经济”是名词，不能带宾语，因此可以将它改为动词“节约”。例⑥的“疑惑”是名词，不能带宾语，因此应将它改为动词“怀疑”。例⑦的“理想”是名词，应改为“描写”，或将“理想了”改为“幻想出”。

（二）形容词误用为动词

有时形容词会被误用为动词。例如：

①＊我们要及时招集一些精兵强将加入突击队，强大修筑堤坝的力量。

②＊老一辈科学家身上充沛着为科学而献身的可贵精神。

③＊录音机一打开，会场上就悠扬起美妙的音乐。

例①的“强大”是形容词，不能带宾语，因此这里应改为动词“增强”。例②的“充沛”是形容词，不能带宾语，应改为动词“体现”或“充满”。例③的“悠扬”是形容词，可以作“音乐”的定语，但不能作述语，将“悠扬起”改为“响起”，句子就可以接受了。

（三）动词误用为名词

有时动词会被误用为名词。例如：

①＊有人散布种种捏造，影响安定团结的大好局面。

②＊这次补考，能否及格，还是一个怀疑。

例①的“捏造”是动词，不能受“种种”的修饰，不能与动词“散布”搭配，因此应将“捏造”改为“谣言”。例②的“怀疑”是动词，不能与数量短语“一个”搭配，应将其改为名词“疑问”等。

（四）名词误用为形容词

有时名词会被误用为形容词。例如：

①＊几位演员的舞姿优美洒脱，看起来很职业。

②＊王兵是三好学生，他在各个方面的表现都是很模范的。

③＊由于老师的批评，最近小梅与老师显得很隔阂。

④＊“刘姥姥进大观园”是《红楼梦》中最趣味的内容。

例①的“职业”是名词，不能受副词“很”的修饰，不能在句中作谓语中心语，这里应改为“看起来具有专业水平”。例②的“模范”是名词，不能受程度副词“很”的修饰，不能作谓语中心语，应改为“出色”或“优秀”。例③的“隔阂”和例④的“趣味”都是名词，同样不能受程度副词“很”“最”的修饰，因此应将“隔阂”改为“疏远”，在“趣味”前加“有”，或将“趣味”改为形容词“有趣”。

还有其他词类误用的现象。例如：

①＊他贪图地用手摸一下米袋说：“真是癞蛤蟆想吃天鹅肉，穷孩子一斗米就想念书！”

例①的“贪图”是动词，在此句中不能作状语，应改为形容词“贪婪”。

②＊亚洲区足球十强赛已经开始，明天我国足球队将比赛阿联酋队。

例②的“比赛”是不及物动词，不能带宾语，所以我们不能说“比赛阿联酋队”，这里应改为“与阿联酋队比赛”。

③＊人生的价值，在自己所从事的事业上能格外体现出来。

例③的“格外”是程度副词，常修饰形容词和表示心理活动的动词，不能直接修饰一般动词，所以应将“格外”改为形容词“充分”。

二、搭配不当

词语的组合搭配是有选择性的，哪些词语可以搭配，哪些词语不能搭配，既要受逻辑关系的制约，还要受词义、语法规则的制约，忽视或违背了这些条件，就会出现搭配不当的问题，影响语言交际的正常进行。常见的句子成分搭配不当的情况有主谓搭配不当、述宾搭配不当、主宾搭配不当、各类修饰成分与中心语搭配不当等四类。

（一）主语与谓语搭配不当

有时主语与谓语会出现搭配不当的情况。例如：

①＊吃两斤水晶饼并不格外，可惜难买。

②＊对方的态度比任何时候都更加威严而坚强。

例①的“格外”是程度副词，不能作谓语中心语，也不能受副词“并”“不”的修饰，这里应改为“并不出格”或“并不算什么”。例②的主语中心语是“态度”，谓语中心语是“威严而坚强”，我们可以说“态度威严”，而不能说“态度坚强”，因为“坚强”可以形容性格，不能形容态度，因此这里应将“坚强”改为“强硬”。又如：

③＊今年的蔬菜种植，由于广泛采用了大棚生产，普遍长势好，产量高。

④＊四个现代化的宏伟目标将由我们来完成。

⑤＊比赛马上就要开始了，运动员的心情非常紧张、急促。

⑥＊雷锋同志崇高的革命品质和无私的奉献精神，时时浮现在我的脑海中。

例③的主语中心语是“种植”，谓语中心语是“长势好，产量高”，但我们不能说“种植长势好，产量高”，因此这里属于搭配不当，应将“种植”移到“今年”之后，让“蔬菜”作主语中心语，句子就通顺了。例④的主语中心语是“目标”，谓语中心语是“完成”，不能说“目标完成”，但可以说“目标实现”，所以可将“完成”改为“实现”。例⑤的主语中心语是“心情”，谓语中心语是“紧张、急促”，“心情”不能与“急促”搭配，这里可以将“急促”改为“焦急”。例⑥的主语中心语是联合短语“崇高的革命品质和无私的奉献精神”，谓语中心语是“浮现”，主谓不能搭配，因为品质和精神都是抽象的概念，没有具体形象，所以不能“浮现”，这里可将“时时浮现在我的脑海中”改为“时时鼓舞着我”。

（二）述语与宾语搭配不当

有时述语与宾语会出现搭配不当的情况。例如：

①*建筑工人充分发扬了不怕苦、不怕累的革命精神和主人翁的责任感。

②*在西安演出时，我们都观看了她那精彩的表演和美妙的歌声。

③*我们应该努力克服这种囫囵吞枣、不求甚解的学习方法。

④*如果忘记了广大人民群众的根本利益和对个人主义的警惕性，我们就会犯错误。

例①的述语中心语是“发扬”，宾语由联合短语充当，“发扬”只能与“精神”搭配，不能与“责任感”搭配，所以可在“主人翁的责任感”前加“体现了”，将“和”改为逗号。例②的述语中心语是“观看”，只能与“精彩的表演”搭配，不能与“美妙的歌声”搭配，“歌声”是不能观看的，所以可将“观看”改为“欣赏”。例③的述语中心语是“克服”，不能与宾语中心语“方法”搭配，因此需要将“克服”改为“改变”。例④的前一分句述语中心语是“忘记”，宾语中心语是联合短语，述语只能与联合短语中的“利益”搭配，不能与“警惕性”搭配，这里可以在“利益”后面加逗号，并将“和”改为“放松了”。又如：

⑤ * 这里到处洋溢着和呈现出令人振奋的革命景象和高昂的战斗激情。

⑥ * 为了提高学习效率，我们要改进和端正学习态度和学习方法。

述语和宾语都由联合短语充当的句子，应注意联合短语内词语的顺序和意义上的搭配关系。例⑤的“洋溢着”只能与“高昂的战斗激情”搭配，“呈现出”只能与“令人振奋的革命景象”搭配，所以应该调整语序，将“洋溢着”和“呈现出”互换位置。调整之后，在语意上，联合短语中的第一个谓词性成分与后面的第一个名词性成分搭配，第二个谓词性成分与后面的第二个名词性成分搭配，这是可以的。这个句子还有一种改法，就是将这个句子拆分成两个分句，分开表达各自的意思，即“这里到处洋溢着高昂的战斗激情，呈现出令人振奋的革命景象”。例⑥的语病与例⑤相同，因而也可采用同样的改法，即调整语序，或采用分开说的办法，改为“我们要端正学习态度，改进学习方法”。再如：

⑦ * 通过努力，我们终于克服了前进道路上的“拦路虎”。

⑧ * 这次失火使存放农具的房子被烧，还烧毁三辆马车、一头驴。

⑨ * 街道旁有些打扑克的地方围观了许多人，过路者只好绕道而行。

⑩ * 今年八月三日，她获得赴美签证，终于可以去探亲在那里留学的丈夫。

例⑦的“克服”不能与宾语中心语“拦路虎”搭配，可将“克服”改为“消灭”“击败”等。例⑧的“烧毁”对象只能是没有生命的东西，不能是人或动物，所以可在“一头驴”前加“烧死”“烧伤”等，同时将顿号改为逗号。例⑨的谓语中心语“围观”和例⑩的谓语中心语“探亲”都是不及物动词，不能带宾语，可将“围观”改为及物动词“围”，将“探亲”改为及物动词“探望”。

（三）主语与宾语搭配不当

有时主语与宾语会出现搭配不当的情况。例如：

① * 调类就是声调的种类，就是把调值相同的字归为一类。

② * 周至县生产的苹果是我省产量最高的地区之一。

③ * 丰富而深厚的生活积累是我们能否创作出好的文学作品的关键问题。

例①的后一分句主语是名词“调类”，宾语是“把调值相同的字归为一类”，属于动词性短语，表示一种动作行为，不能构成对主语的解释，因此可将宾语改为“把调值相同的字归在一起所形成的类别”，使其成为名词性短语。例②的主语中心语是“苹果”，宾语中心语是“地区之一”，意义上也不能搭配，这里将“苹果”移到“我省”之后，删掉“生产的”，成为“周至县是我省苹果产量最高的地区之一”，句子就正确了。例③宾语中的定语“能否创作出好的文学作品”是从正反两方面说的，而主语“丰富而深厚的生活积累”是从正面说的，在意义上形成前后错位，这里可将宾语中的“否”删去，或者在句首加“是否有”。

（四）定语、状语、补语与中心语搭配不当

有时定语、状语、补语与中心语会出现搭配不当的情况。例如：

①＊打开收音机时，小华总喜欢选那些欢快、激动的乐曲听。

②＊这些特警队员，都是经过严峻考验和审查的优秀警员。

③＊在整顿社会治安活动中，一批严重的犯罪分子受到打击和处理。

例①的“乐曲”前有联合短语作定语，其中“欢快”可以修饰中心语，但“激动”不能修饰，不能说“激动的乐曲”。这里可以将顿号改为“的”，在“激动”后加“人心”，成为“欢快的激动人心的乐曲”。例②的定语“严峻考验和审查”表意不清，因为“严峻”只能修饰“考验”，不能修饰“审查”，此时可在“审查”前加“严格”，表意就明确了。例③的“严重”

不能修饰“犯罪分子”，这一部分可改为“罪行严重的犯罪分子”。又如：

④＊伪装成检修工的犯罪分子看到屋里只有一个老太太，马上露出恶毒的面孔。

⑤＊两国之间亲切而深厚的友谊是牢不可破的。

⑥＊在讨论会上，他丰富而精彩的发言引起了专家们的注意。

例④的“恶毒”一般修饰抽象事物，如“计划”“手段”“心肠”等，不能修饰“面孔”，这里可改为“凶恶”。例⑤的“亲切而深厚的友谊”中，“深厚”可以修饰中心语“友谊”，但“亲切”不能，因此可将“亲切而”删去。例⑥的“丰富而精彩”不能整体修饰“发言”，这里可在“丰富”前加“内容”，变为“内容丰富而精彩的发言”。再如：

⑦＊他们一起组织群众营救，终于将骡子和架子车营救上岸，李双秧激动得不知说什么好。

⑧＊做报告前，他连夜把借来的资料详细地浏览了一遍。

⑨＊经过半年的学习生活，我与学校的老师、同学和一草一木都相处得很好。

⑩＊只要稍微深思熟虑一下，就不会做出这样错误的决定。

例⑦的第二分句谓语中心语是“营救”，前面的状语是“将骡子和架子车”，二者不能搭配，因为“营救”只能用于人，不能用于动物，更不能用于没有生命的“架子车”，应将“营救”改为“打捞”。例⑧的“详细地浏览”中，状语与中心语语义矛盾，“详细”意为很细致的，而“浏览”只是大概地看，这里可将“浏览”改为“阅读”。例⑨的“与……一草一木都相处得很好”不通，可将“都相处得很好”移至“同学”后，并加逗号，后面改为“与这里的一草一木都很有感情”。例⑩的“稍微深思熟虑”的语义有矛盾，“稍微”表示不做深入思考，而“深思熟虑”的意思是进行非常深入细致的思考，这里可将“稍微”改为“经过”，将“一下”删去。再看下面的例子：

⑪ *他趴在桌子上睡得模模糊糊的，老师讲的什么他一点也不知道。

⑫ *父母不在家，小静一到晚上就吓得胆小如鼠，不敢开门。

⑬ *最近很忙，外出参观的事还没有确定起来。

⑭ *穿上这身西装，小朱显得更青春、更潇洒。

例⑪的补语“模模糊糊”与谓语中心语“睡”搭配不当，因为“模模糊糊”意为看得不清楚、不真切，这里可用“迷迷糊糊”，表示不清醒。例⑫的补语“胆小如鼠”经常作谓语，如“他胆小如鼠”，也可作定语，如“胆小如鼠的人”，但它一般不能作补语，这句话可改为“父母不在家，小静一到晚上就胆小如鼠”。例⑬的“起来”不能作“确定”的补语，这里可改为“确定下来”。例⑭的“青春”是名词，不受程度副词的修饰，因此可将“更青春”改为“更年轻”。

三、残缺或多余

句子残缺或多余的情况也比较常见，在主语、谓语、宾语等各种句子成分中都可能出现。

（一）主语残缺或多余

有时句子会出现主语残缺或多余的情况。例如：

①＊在第二次洪峰的冲击下，造成了长江堤岸多处决口的险情。

②＊在听了华联木器厂的经验介绍之后，对在座的一些企业领导有很大的启发。

③＊由于体委开展了经常性的体育竞赛活动，明显地提高了该地区的运动技术水平。

④＊当前新闻界这种不注重真实性和社会效果、一味猎奇，严重地损害了媒体在人们心目中的形象。

⑤＊一想到昨天发生的事情，就使我坐卧不安。

例①的“在……下”是由介词短语充当的状语，述语中心语“造成”前缺乏主语。有两种改法，一是将“在”和“下”去掉，让“第二次洪峰的冲击”作主语；二是删掉“造成了”，让“长江堤岸”作主语，添加述语“出现了”。例②的述语中心语“有”前面是两个介词短语，没有主语，因此可将“在听了”和“之后”删去，让“华联木器厂的经验介绍”作主语。例③的后一分句缺乏主语，可改为“该地区的运动技术水平明显地提高了”。例④的主语部分有比较复杂的定语“当前新闻界这种不注重真实性和社会效果、一味猎奇”，但缺乏主语中心语，应在其后加“的做法”或“的现象”。例⑤的第二分句没有主语，可将“使”删去，让“我”作主语中心语，把“就”移到“我”之后。又如：

⑥*这里的变化太快了，只半年时间，又一片高楼大厦的建筑拔地而起。

⑦*由于他们都有明确的学习目的，他们这些才进入高校的同学学习都很刻苦。

⑧*我们的革命前辈为了人民的利益，这些革命战士抛头颅、洒热血，从不计较个人得失。

⑨*当代的大学生，一般来说，他们都应该具备深入钻研的精神和很强的自学能力。

上面的例子都有主语多余的问题。例⑥的“建筑”与“一片高楼大厦”重复，可删掉“的建筑”。例⑦的主语重复，应删掉两个“他们”。例⑧的两个分句的主语重复，应删掉“这些革命战士”，让“我们的革命前辈”作主语。例⑨的主语“他们”与“当代的大学生”重复，应去掉“他们”。

（二）谓语残缺或多余

有时句子会出现谓语残缺或多余的情况。例如：

①*全校师生在雷锋精神鼓舞下，好人好事如雨后春笋般涌现出来。

②*只要我们沿着正确的前进方向，任何困难都是可以克服的。

③＊曹操数十万大军经过风雪之夜的积沙泼水，一道坚固的城墙在第二天早晨建成了。

④＊我们必须以争分夺秒的精神，为实现祖国的四化大业。

⑤＊我国足球运动的落后状况在社会上引起了很大反响，如果还按照以往的训练、管理模式，这种现状恐怕难有根本性的改变。

例①的后一个分句的主语是“好人好事”，但第一个分句只出现了主语“全校师生”和状语“在雷锋精神鼓舞下”，缺少谓语。也就是提出主语“全校师生”以后，没有继续说下去，而另换了一个主语“好人好事”，造成前一分句没有谓语的毛病。这里可以将“全校师生中的”放在“好人好事”前作定语，让“在雷锋精神鼓舞下”作状语，句子就通顺了。例②的前一个分句的主语“我们”后面是状语，由介词短语“沿着正确的前进方向”充当，缺少谓语，因此可将“前进”移到“方向”后作谓语。例③的前一分句的主语是“曹操数十万大军”，后面是由介词短语充当的状语“经过风雪之夜的积沙泼水”，缺少谓语，因此可将“曹操数十万大军”移至“经过”之后，使“经过曹操数十万大军风雪之夜的积沙泼水”作状语，让“一道坚固的城墙”作主语。例④的“我们”是主语，后面是三个状语“必须”“以争分夺秒的精神”“为实现祖国的四化大业”，但却少了谓语，因此可在后面加“努力工作”，由“工作”作谓语中心语。例⑤的介词短语“按照以往的训练、管理模式”是状语，缺少谓语，后面又提起另一主语，因此可在“模式”后加“运作”充当谓语，或改为“如果还按照以往的模式训练、管理”，让“训练、管理”作谓语。又如：

⑥ * 江西庐山风景区名人别墅将于四月二十日在北京人民大会堂进行拍卖。

⑦ * 引起这起交通事故的原因，公安机关正在加以调查，结果马上就会水落石出。

⑧ * 这个村乱占庄基地的问题，现在已经获得解决。

例⑥的“进行”多余，例⑦的“加以”多余，例⑧的“获得”多余。这些是常见的成分多余现象。造成错误的原因是在谓语中心语前滥用了表示处理对待意义的动词，使原来的谓语中心语变为述宾短语，颇显累赘。

（三）宾语残缺或多余

有时句子会出现宾语残缺或多余的情况。例如：

① * 看到数千兵马俑组成的庞大军阵的场面，我们完全被它的恢宏气势惊呆了。

② * 在西部大开发的浪潮中，厂长提出了“我们厂怎么办”，让大家讨论。

③ * 今年专科学校招生对象是我市城镇户口、年龄在二十岁以下、具有高中文化程度。

④ * 当听到侄儿考上大学，我感到非常高兴。

例①的“的场面”多余，应删去。例②的“提出了”应该与名词或名词性短语搭配，如“提出了意见”“提出了问题”等，不能与谓词性成分或主谓短语搭配。这里应补出宾语中心语“问题”，并在“问题”前加“的”，让“我们厂怎么办”作定语。例③的述语“是”后面的定语较长，写到最后忘记了中心语，应补出“的青年”，让“青年”作宾语中心语。例④的“听到”应与名词或名词性短语搭配，不能与谓词性成分搭配。这句话可在“大学”后加上“的消息”，并删去介词“当”，让“听到侄儿考上大学的消息”作表示原因的分句。

（四）定语、状语、补语残缺或多余

有时句子会出现定语、状语、补语残缺或多余的情况。先来看定语的情况：

①＊首都将建一座十万吨的啤酒厂，以满足居民啤酒消费量日益增长的需要。

②＊改革开放对中国的经济发展起着何等作用啊！

③＊新生代表李娟茹在入学典礼的讲话，使大家受到很大的精神鼓舞。

例①的“十万吨的啤酒厂”无法理解，应加上“年产”和“啤酒”，改为“年产十万吨啤酒的啤酒厂”。例②的“何等作用”含混不清，应在“何等”后加上“重要的”，成为“何等重要的作用”。例③的介词“在”应与方位名词“上”“下”“中”等构成方位短语，所以可在“入学典礼”后面加“上”。又如：

④＊他意味深长的几句话，包含着多么丰富的无声的潜台词啊！

⑤ * 只有改掉这些不良的坏风气，我们的工作才能更进一步做好。

⑥ * 他的明智而远见的设想，得到了与会者的一致好评。

例④的“无声的潜台词”中，“无声”和“潜”意思重复，可删掉“无声”。例⑤的“不良的坏风气”中，“不良”和“坏”意思重复，应删去任意一个。例⑥的“明智而远见的设想”不通，或将“而远见”去掉，或在“而”后加“富有”。上面的例子都属于定语残缺、多余的情况。下面再看状语的情况：

⑦ * 每当想到当年的经历，他就激动不已。

⑧ * “宝剑锋从磨砺出，梅花香自苦寒来。”小刘总是自勉。

⑨ * 为了这个目标，我们废寝忘食地苦干了三年。

例⑦的介词“当”应该与“时”“时候”等词共同构成介词短语作状语，所以可在“经历”后面加“时”。例⑧的“自勉”前应加上“以此”，在句中作状语。例⑨的“为了这个目标”应改为“为了实现这个目标”。又如：

⑩ * 他对工作这样粗心马虎，能会不出事故吗？

⑪ * 从国内投降派、顽固派反对抗大，这正表明抗大的革命和进步。

⑫ * 三年前我们相遇的时候，那时他虽然已经满头华发了，却精神矍铄，也很健谈。

例⑩的“能”与“会”是两个能愿动词重复使用，应删去一个。例⑪的“从”和“这”多余，应去掉。例⑫的“那时”与前面的“三年前我们相遇的时候”重复，应删去“那时”。以上例子都是状语残缺、多余的病句。下面再看补语的情况：

⑬ * 今天请大家先把这个问题考虑，以后再具体讨论。

⑭ * 当地政府下大力气实施“菜篮子”工程，确保古城市民在春节期间能吃新鲜蔬菜。

⑮ * 管理给企业带来的变化，突出地表现在全厂严把质量关，上下争创名牌产品。

例⑬是“把”字句，谓语不能是单个动词，必须要有相关的成分，因此可以将“考虑”重叠使用，或在“考虑”后加补语“一下”等。例⑭的“吃”后应加补语“上”，否则会出现歧义。例⑮的补语由介词短语充当，介词“在”后应有方位名词与之呼应，所以可在句末加“上”，构成介词短语“在……上”。又如：

⑯ * 为了使文章更加简练，他又将部分内容略加删改了一些。

⑰ * 小张在新的工作岗位上兢兢业业得很。

例⑯的“略加删改了一些”中“略加”与“一些”都表示不多，意思重复，可任取一个。例⑰的“兢兢业业”表示非常认真，后面不再需要程度副词，应删掉“得很”。以上例子都有补语残缺或多余的问题。

四、语序不当

汉语的语序是表达语法关系的重要手段，语序不同，语法关系和表达的意思就会不同。例如，“市场繁荣”是主谓关系，“繁荣市场”就成了述宾关系。又如，“这些内容不全懂”与“这些内容全不懂”意思不同，前者表示基本上懂，但还有不懂的地方，后者表示一点儿都不懂，这是由副词“全”的位置变化造成的。如果在语言运用中不注意语序，就可能使句子关系模糊、表意不明，或者产生歧义，或者无法理解，进而影响语言交际的进行。语序不当的问题主要表现在修饰成分易位易职、多层定语和多层状语排序不当两个方面。

（一）修饰成分易位易职

有时本该作甲成分的词语，由于语序不当而误作了乙成分。例如：

①＊“克隆”动物的技术，对一般人是不太了解的。

②＊这本参考书很好，对自学青年很感兴趣。

以上两例都犯了主客颠倒的错误。例①应删去“对”。例②应改为“自学青年对它很感兴趣”，或将“很感兴趣”改为“很有用”。又如：

③＊中国手工艺品的出口，深受西方国家人民的喜爱。

④ * 作为流行歌曲的通俗音乐，特别受到青少年的青睐。

以上两例的中心语与定语错位。例③的主语中心语应是“手工艺品”，“出口”是定语，这部分可改为“中国出口的手工艺品”。例④应改为“作为通俗音乐的流行歌曲”。再如：

⑤ * 监狱的小窗口，刚毅地露出了这几位狱友的脸。

⑥ * 小辉的梦中常常美丽地展开一幅奇异的景象。

⑦ * 高考以后，我才轻轻松松地休息了痛痛快快的几天。

以上几例是定语与状语错位。例⑤的“刚毅”应该是定语，改为“露出了这几位狱友刚毅的脸”。例⑥的“美丽”应该从状语的位置调到定语的位置，改为“常常展开一幅奇异美丽的景象”。例⑦的“痛痛快快”应从定语位置调到状语位置，改为“我才痛痛快快轻轻松松地休息了几天”。还有其他易位易职的情况：

⑧ * 对于难度大的知识点，可以老师多讲一些。

⑨ * 考试以后，我渐渐头脑中出现了松口气的想法。

⑩ * 小涛将来希望自己成为一名科学家。

⑪ * 枪一响，二曼赶忙趴下，扑腾扑腾地吓得心里直跳。

例⑧的状语“可以”应放在主语“老师”之后。例⑨与例⑧

一样，应将状语“渐渐”放在主语“头脑中”之后。例⑩的状语“将来”应该移至“成为”前。因为从意义上看，“将来”是说成为科学家的时间的，并不说明什么时候有这种希望。例⑪的拟声词“扑腾扑腾”是描写心跳的声音，所以应移到“直跳”前，并删去“地”。

（二）多层定语和多层状语排列顺序不当

有时定语与状语若有多层，前后的排序会出现不当的情况。例如：

①＊在全校大会上，几个学校的负责人都讲了话。

②＊这个格言包含着深刻的一种哲理。

③＊去年参军的李明的哥哥在部队立了三等功。

④＊神农、黄帝、尧、舜都是夏朝以前传说中的古代帝王。

以上几例都是多层定语位置不当的情况。例①的“几个学校的负责人”有歧义，应调整语序，改为“学校的几个负责人”，或根据情况变换量词，把“个”改为“位”或“所”。例②的定语“一种”应调至“深刻”之前。例③的“去年参军的李明的哥哥”有歧义，到底是李明参军了，还是他的哥哥参军了，意思表达得不清楚，可根据不同的意思改为“李明的去年参军的哥哥”，或在“李明”后加逗号，再加“他”，这样意思就清楚了。例④的“夏朝以前”是修饰“古代帝王”的，并不是说明什么时候的传说，所以应将“夏朝以前”调至“的古代帝王”之前，意思才是准确的。又如：

⑤ * 李大娘家的烟囱里向上缓缓地冒着青烟。

⑥ * 李小双顽强地练习在吊环上。

⑦ * 这件事对我们大家当时震动很大。

⑧ * 通过这次参观，“珍惜生命，远离毒品”的思想深深地在他的心里扎了根。

以上几例都是多层状语位置不当的情况。例⑤可将“向上”删掉，因为“青烟”肯定是向上冒，所以“向上”多余。例⑥的补语“在吊环上”应调至“练习”之前，和“顽强地”一起作句子的状语。例⑦的状语“当时”应调至“对我们大家”之前。例⑧应将状语“深深地”和“在他的心里”互换位置。

五、句式杂糅

一个意思往往可以用不同的方式表达出来，如“我吃苹果”又可以说成“苹果我吃了”“我把苹果吃了”“苹果被我吃了”。句式不同时，句子所适应的环境和对象也不同，表达的侧重点和效果自然也不一样，这体现了语言表达方式的灵活性和多样性。但行文写作时若缺乏对表达方式的认真思索和仔细选择，将不同的表达方式同时并用，就容易出现互相纠缠、结构混乱、表意不清的问题。

（ ）前后牵连

有时两句话本该分开说，结果连在了一起，造成前后牵连的问题。例如：

① * 宋代仇英的名画《汉宫春》在技巧上达到

了惊人的高度，难怪它使许多欧美人士倾倒是合情合理的。

②＊杨老师批评李军同学吸烟的行为是不了解吸烟对人体的严重危害的结果。

③＊我随着队伍参观了户县农民画展是具有独特民族风格的。

④＊他们决心以实际行动建设祖国做出自己的贡献。

⑤＊登机时每人可以随身携带行李物品不得超过 15 公斤。

例①的第二个分句把两种表达方式纠缠在一起，应分开说“难怪它使许多欧美人士倾倒”，或“它使许多欧美人士倾倒是合情合理的”。例②把两句话前后连接在一起了，应分开来说，改为“杨老师批评李军同学吸烟的行为，并指出这是不了解吸烟对人体的严重危害的结果”。例③应将两个意思分开说，并给后一句话添加主语，改为“我随着队伍参观了户县农民画展，户县农民画具有独特的民族风格”。另一种改法是让“具有独特民族风格”作定语，改为“我随着队伍参观了具有独特民族风格的户县农民画展”。例④可在“建设祖国”前加介词“为”，将述宾短语变为介词短语，作状语。例⑤在“行李物品”前加“的”，将述宾短语变为偏正短语，让“行李物品”作主语中心语。这句话的原句有两个陈述对象，一个是“每人”，一个是“行李物品”，修改以后，“每人”成了定语的构成成分，意思也就清楚了。

（二）句式混杂

说话时对同一个意思既想用这种方式表达，又想用另一种方式表达，举棋不定，结果将两种方式混杂在一起。例如：

①＊这个先进的防盗报警器的发明者是王昊和他的老师共同研制的。

②＊最近在国内获得好评的电影《钢铁是怎样炼成的》，是中国编导人员根据苏联作家奥斯特洛夫斯基的同名小说为蓝本创作而成的。

③＊她那灿烂的音色和深沉的感情惊动了一向以要求严格闻名的声乐专家苏林教授也颔首赞许。

例①可以用两种方式分别表达为“这个先进的防盗报警器的发明者是王昊和他的老师”，或“这个先进的防盗报警器是王昊和他的老师共同研制的”。例②的谓语可以分别说成“是中国编导人员根据……创作而成的”，或“是中国编导人员以……为蓝本创作而成的”。例③的谓语可改为“惊动了一向以要求严格闻名的声乐专家苏林教授”，或“令一向以要求严格闻名的声乐专家苏林教授也颔首赞许”。

六、几种特殊句型中常见的语法错误

（一）“把”字句中常见的语法错误

1.“把”字句的谓语动词使用不当

“把”字句的谓语动词必须是表示动作行为的及物动词。

使用不当，就会形成语病。例如：

①＊杨秋获奖的消息把全校沸腾了。

②＊经过两个多小时的紧张抢救，医生终于将伤员苏醒过来。

③＊小王高兴地实现了多年的梦想，他终于把职业球员成为了。

④＊比赛即将开始，赛前的气氛把看台上的观众也紧张起来了。

例①②的谓语中心语都是不及物动词，因此可将例①的“把”改为“使”，将例②改为“伤员终于苏醒过来”。例③的谓语中心语“成为”表示发展变化，而非动作行为，并且必须带宾语，因此这里可以改为“他终于成为职业球员”。例④的谓语中心语“紧张”是形容词，这里将“把”改为“使”，全句变为兼语句即可。

2.“把”字句的谓语成分缺失

“把”字句的谓语缺少相关的成分。例如：

①＊请大家把这个问题讨论，然后制定出解决的办法。

②＊半夜的狗叫声把村民们惊。

③＊同学们把平时积累的知识交流。

“把”字句要求谓语中心语要带上相关成分，要么将动词重叠使用，要么带上状语或补语，要么在中心语后面加上动态助词等，总之谓语不能是单个的动词。所以，例①可以在“讨论”后加上补语“一下”，或采用重叠形式“讨论讨论”。例②可以在“惊”后添加补语“醒”。例③可以在“交流”前加状语“互相”。

3.“把”字位置不当

误将否定副词或能愿动词放在“把”字之后。例如：

①*如果把产品的质量不放在第一位，企业的发展是无从谈起的。

②*小李把那封信并没有交给我。

③*校长相信，小吴一定把这些孩子能教好。

“把”字句要求否定副词或能愿动词作状语时，要放在“把”字之前，这才符合一般的表达习惯，所以可将例①的“不”、例②的“并没有”、例③的“能”移到“把”字前面。

（二）“被”字句中常见的语法错误

1. 滥用“被”字

有时句子无须使用“被”字。例如：

①*经过紧张的劳动，一根十几米高的旗杆在操场前面被竖立起来了。

②*这件新衬衣被穿在身上，小波显得更精神了。

以上两例中“被”字都是多余的，去掉后句子会显得精练些。

2．“被”字句主语非受事

“被”字句的主语不是谓语动词的受事。例如：

①＊这些托运的物品被准时到达了西安。

②＊王欣被当选为班长。

以上两例中谓语动词“到达”“当选”都是不及物动词，不能带宾语，句子的主语不是它们涉及的对象，不符合“被”字句的条件。应将“到达”“当选”改为及物动词“送到”“选”。

3．“被”字句的谓语动词使用不当

谓语中心语不是具有积极影响的动作动词。例如：

①＊张辉代表的提议被大家一致赞成。

②＊这些资料终于被我从图书馆回来了。

③＊这两种事物间的联系被我们认识了。

“被”字句的谓语中心语既应该是表示动作的动词，还应该是对主语产生积极影响的动词，否则不能构成“被”字句。例①可改为主动句“大家一致赞成张辉代表的提议”，例②的“回来”前加动词“借”，例③的“认识”改为“弄清”。

4．“被”字位置不当

表示否定的副词和能愿动词误放在“被”字之后。例如：

①＊正确的意见被我们应该采纳。

②＊这项艰巨的任务被突击队能够按时完成。

③＊检验真理的标准问题长期被人们没有重视。

④ * 他的会员资格还被协会不承认。

以上几例中的“应该”“能够”“没有”“不”都应移到该句中的“被”字之前，才符合一般的表达习惯。

七、分句之间缺乏逻辑关系

复句的各个分句之间必须有密切的逻辑关系，否则，不能构成复句。例如：

① * 他性格孤僻，不善于团结同学，所以学习成绩总是提不高。

② * 如果我们把教室布置得漂亮雅致一些，同学们学习的积极性就更高了。

例①的“性格孤僻，不善于团结同学”与“学习成绩总是提不高”之间没有必然的因果关系，不能用“所以”连接，可改为并列关系的复句。例②的教室“漂亮雅致”与“学习的积极性”之间也没有必然联系，虽然好的学习环境会对学习情绪产生好的作用，但未必会使学习的积极性更高。又如：

③ * 这虽然是一篇短篇小说，但读后却令他非常感动。

④ * 姐姐考上了大学，我和妈妈都很高兴，然而爸爸更兴奋。

例③的两个分句在逻辑上不存在转折关系，因为好的短篇小说令人感动是正常现象，并不会因其短而不感动人，所以不能用“虽然……但……”连接。例④的后两个分句间不存在转折关系，因为“姐姐考上了大学”，全家人的心情是一致的。这里可以将转折连词“然而”去掉，变为递进关系；或将后一分句改为“爸爸也很高兴”，变为并列关系。再如：

⑤ * 老张把身上所有的钱都买了农业科技方面的书籍，只剩下了三块钱的路费。

例⑤的两个分句前后矛盾，前面说用完了“所有的钱”，后面却说还有“三块钱的路费”。这里可以把两个分句的内容互换一下，变为“老张只留了三块钱的路费，把其余的钱都买了农业科技方面的书籍”。

八、分句次序混乱

分句间的逻辑关系往往依赖一定的语序来表达，所以分句的次序不能随意安排，否则会使表意混乱、层次不清。例如：

① * 我虽然下决心要学好数学，但成绩总提不高，老师也经常给我个别辅导。

② * 厂长做了大量的调查研究工作，并且虚心地听取了群众的意见，终于搞清了影响生产的症结问题。

例①的最后一个分句与前两个分句的逻辑关系不清，表意混乱。如果将后两个分句的位置调换，转折关系就清楚了。例②的前两个分句的意思不能构成递进关系，因为后一分句比前一分句的意思要轻得多。如果将两个分句的位置互换，改为“厂长虚心地听取了群众的意见，并且做了大量的调查研究工作”，递进关系就可成立。又如：

③*来宾携带的文件、图纸、现金等贵重物品，要提高警惕，妥善保管，防止遗失。

④*自此以后，她总是找一些英雄故事教育我们，讲给我们听。

例③的“要提高警惕”与“文件、图纸、现金等贵重物品”不能搭配，若将“要提高警惕”与“来宾”搭配，句子就顺畅了。例④从逻辑上看，后一分句“讲给我们听”应该是在“教育我们”之前，所以应将“讲给我们听”移到“故事”之后，逻辑关系就清楚了。

九、关联词语使用不当

关联词语是构成复句的重要手段，分句间的意义关系往往要靠关联词语来表示。复句用不用关联词语，用什么关联词语，用在什么位置，表意有很大的不同；只有安排恰当，才能用好复句。常见的关联词语使用不当的情况主要有错用关联词语、关联词语搭配不当、缺少关联词语、滥用关联词语、关联词语位置不当等五类。

（一）错用关联词语

根据分句间的意义关系，该用关联词语甲的，却用了乙，造成表意错误。例如：

①＊尽管有多么大的困难，我还是决定要去。

②＊不管刮风下雨，天黑路滑，她还是希望尽早赶回工地。

③＊因为参加下个月的托福考试，李华把所有的时间都用在英语学习上。

④＊国力足球队以一球小负于对手，不是为了别的原因，而是与对方的实力有差距。

例①的“尽管”与例②的“不管”都用错了，互换就正确了。“尽管”表示转折关系，经常与“可是”“但是”“还”“也”等配合使用，而且“尽管”所表示的内容是确定的，不能在后面使用“多么”“多少”等表示情况不确定的词语；“不管”表示条件关系，经常与“也”“还”“都”呼应，其后经常用“多么”“多少”“怎样”等词语，对条件加以强调。例③的分句“参加下个月的托福考试”是另一分句的目的，所以应改为“为了”。例④的“不是……而是……”连接的两个分句说明负于对手的原因，所以与第一个分句是因果关系，应将表示目的的“为了”改为表示原因的“因为”。

（二）关联词语搭配不当

有些关联词语是成对搭配使用的，如果随意更换，就会使语意含混不清。例如：

①＊只要做好宣传工作，实行严格的奖罚措施，才能改变乱倒垃圾的现象。

②＊为了加深对朗读知识的理解，提高朗读水平，所以我们举办了这次诗歌朗诵会。

例①的“只要”应与“就”搭配，表示充足条件。例②的“为了”表示目的关系，而后面的“所以”表示因果关系，不能互相搭配，因此应将“所以”删去，使分句间的目的关系明确起来。又如：

③ * 如果天气比较冷，可是穿一件羽绒服就不觉得冷了。

④ * 既然语言能够生产物质资料，那么夸夸其谈的人就是世界上最富有的人了。

例③的“如果”表示假设关系，“可是”表示转折关系，二者不能搭配，因此可将“如果”删去，使两个分句变为转折关系；或者将“可是”删去，使分句之间成为假设关系。例④从表面上看，“既然”与“那么”是可以搭配的，表示推论因果关系，但是细看内容，第一分句表示的原因并不是客观事实，而纯粹是一种假设，这不符合推论因果的要求——推论因果复句要求在客观事实的基础上推论出结果，所以应将“既然”改为“如果”。再如：

⑤ * 即使我们取得了很大的成绩，但是也不应该骄傲自满。

⑥ * 只有平时努力学习，高考就能取得好成绩。

例⑤的“即使”表示假设关系，“但是”表示转折关系，不能搭配使用，应将“即使”删去，保留转折关系；或将“但是”删去，保留假设关系。例⑥的“只有”应与“才”呼应，表示条件关系。

（三）缺少关联词语

根据表达的需要，应该用关联词语的时候却没有用，或者应成对使用关联词语的时候却只用了一个，这些情况都会使分句之间关系不明，表意不清。例如：

①＊他平时口才很好，在女朋友面前像个不善言辞的小学生。

②＊只要能从错误中吸取教训，可以少犯错误。

例①的两个分句是转折关系，应在后一分句前加上“但是”或“却”，转折关系就明确了。例②是条件复句，应在后一分句加上“就”，与“只要”呼应。又如：

③＊她虽然因生病而脸色发黄，掩盖不住她青春的美丽。

④＊这个女人不仅给他带来了从未享受过的家庭温暖，帮助他在事业上取得了成功。

例③是转折关系，应在后一分句加上“但”或“却”，使转折关系更加明确。例④是递进关系，应在后一分句加上“而且”，与“不仅”呼应，这样才能使意思表达得完满充分。

（四）滥用关联词语

不该用关联词语的时候却用了，就是滥用。滥用关联词语会使句子显得生硬啰唆，甚至使语意不清。例如：

①＊天刚亮，但是同学们就起床锻炼身体了。

②＊不论我们如何千方百计地开导她，但是她

总是闷闷不乐。

③＊因为天黑路滑，所以你带上手电筒吧。

例①的“但是”是多余的，因为两个分句间没有转折关系。例②是条件关系，关联词语“但是”多余，应删去。例③是很简单的口语，不用关联词语显得更自然流畅，应删掉“因为”“所以”。

（五）关联词语位置不当

有的关联词语在复句中的位置比较固定，变化时会受到一定条件的限制；如果不注意这些条件而随意安排，就会影响意思的表达。例如：

①＊不但小茵说的英语语音准确，而且音色很美。

②＊不仅小军学习很刻苦，而且关心同学，热爱集体。

③＊住在附近的同学不仅来了，而且很多远路的同学也赶来了。

例①的两个分句主语相同，关联词语应放在主语之后，改为“小茵说的英语不但语音准确，而且音色很美”。例②也是同样的道理，应将“不仅”放在共同的主语“小军”之后。例③的两个分句主语不同，应将关联词语“不仅”放在主语之前。又如：

④＊看到大家还没有来，就他一个人干起来了。

⑤＊与其我经常吃药打针，不如坚持锻炼，使

身体强健起来。

例④的第二个分句中，“就”放在主语“他”之前表示范围，意思是“只有他一个人”；“就”如果放在主语“他”之后表示时间。根据例④两个分句表达的意思，“就”应该是表示时间的副词，应放在主语“他”之后。例⑤的关联词“与其……不如……”的位置要依分句的主语是否相同而定。主语相同时，“与其”应放在主语之后；主语不同时，应放在主语之前。例⑤的前两个分句主语相同，都是“我”，所以应将“与其”调换到“我”之后。

第七章　标点符号的运用

一、标点符号的作用、类别与书写

我们说话的时候，无论是陈述句还是疑问句，是祈使句还是感叹句，通过句调的变化，意思都可以表达得很清楚。但是，句子变成书面语以后，语气和停顿都没有了，这就必须依靠标点符号来体现。吕叔湘、朱德熙在《语法修辞讲话》中指出："我们必须首先有一个认识：标点符号是文字里面的有机的部分，不是外面加上去的。它跟旧式的句读号不同，不仅仅是怕读者读不断，给它指点指点的。每一个标点符号有一个独特的作用，说它们是另一形式的虚字，也不为过分。应该把它们和'和'、'的'、'呢'、'吗'同样看待，用与不用，用在哪里，都值得斟酌一番。"叶圣陶说："标点很要紧。一个人标点不大会用，说明他语言不够清楚。"（《关于语文教学》）运用标点符号可以将书面语中的停顿、语气、词语的性质以及语言的结构层次清楚地表现出来。此外，巧妙灵活地运用标点符号，往往可以使读者产生听觉或视觉上的联想，突出语意，增强节奏，使语言表达得更为生动、形象、鲜明。这可以称为标点符号的修辞功能。

新国标《标点符号用法》（GB/T 15834—2011）规定，标点符号有十七种，其中点号七种，标号十种。点号的作用是点断，主要表示停顿和语气。点号又可以分为句末点号和句内点号两类。句末点号有句号（。）、问号（?）、叹号（!）三种，用在句子末尾，表示句末停顿和句子的语气。句内点号有四种，即逗号（，）、顿号（、）、分号（；）、冒号（：），句内点号只用于句子内部，如复句的分句之间、句子成分之间或句子成分内部，表示句内各种不同形式的停顿。

标号的作用是标明，主要标示某些词语的性质和作用。十种标号分别是引号（“”‘’）、括号（()）、破折号（——）、省略号（……）、着重号（．）、连接号（—）、间隔号（·）、书名号（《》〈〉）、专名号（____）、分隔号（/）。

用于某些特殊领域的专门符号，如数学符号、货币符号、校勘符号、辞书符号、注音符号，以及常见的虚缺号（□）、标示号（*、●、△、□、◇）、隐讳号（×）、趋向号（→）、代替号（--）等都不属于标点符号的范畴。

书写标点符号时应注意以下问题：

第一，所有的点号（句号、问号、叹号、逗号、顿号、分号、冒号）一律不能置于一行的开头。如果书写点号时恰巧遇到换行，可将点号挤在上一行的末尾，或将字距拉开一些，将最后一个字写在下一行，然后再书写点号。

第二，如果是问号与叹号连用，或者是两个问号（或叹号）叠用时，占一个字的位置，标在一格的中间。三个问号（或叹号）叠用时，占两个字的位置。

第三，前引号、前括号、前书名号不出现在一行的末尾。如果恰巧遇到这种情况，可将上述标号写在上一行的末尾，行末再加上一个字；或者在上一行的末尾空一格，将上述标号写在下一行之首。

第四，后引号、后括号、后书名号不出现在一行的开头。如果恰巧遇到这种情况，可将上述标号挤在上一行末尾的字后；或者将上一行末尾的字移至下一行，然后再书写标号，让上一行的末尾空一格。

第五，省略号、破折号都占两个字的位置，不能拆为两半，分别写在上一行末尾和下一行开头。如果上一行末尾只剩一个字的位置，可将字距压缩，将上述标号挤在上行的末尾；或将上一行字距拉开，将上述标号写在下一行的开头。

第六，文字横排时，某些标点符号不能置于行首或行末，这一要求同样适用于文字竖排中。

第七，注意冒号与数学上的比号的区分。冒号和比号都是两个小圆点，但冒号的位置在一格的左下方，比号的位置在一格的正中间。当然，这两种符号在用法上也有很大的差别。

第八，在编辑出版中，为了版面美观或方便阅读，可适当压缩标点符号所占空间。标点符号出现于一行之末时，为了取得美的视觉效果，如果原来占一字空间，应压缩为半字空间。

二、标点符号的用法

（一）句号（。）

1. 句号的用法

句号是句末点号的一种，主要表示句子的陈述语气，其形式是“。”。一般来说，陈述语气出现在陈述句中，后者多用来叙述或说明情况。

（1）用在单句末尾

①操场上一个人都没有。

②猿猴属于灵长类动物。

（2）用在复句末尾

一个复句包含几个分句，如果是陈述语调，就用句号表示句末的停顿。例如：

山朗润起来了，水涨起来了，太阳的脸红起来了。

（3）用在语气舒缓的祈使句、感叹句和反问句末尾

①时间来不及了，你快走。

②请你给大家讲几句话吧。

（4）用在段落开头的小标题之后

运用眼神的方法一般有以下几种：

1. 扫视。演讲时，用视线从左到右，或从前到后慢慢移动，扫视会场……

2. 对视。目光注视某一对象，与听众视线交流……

（5）句外括号内的话语末尾，一般多用句号

我们要准备像李先生那样，前脚跨出大门，后脚就不准备再跨进大门！（长时间热烈的鼓掌。）

2. 句号的误用

(1) 该用句号的地方误用了逗号

句号是句末点号，停顿的时间较长。逗号是句内点号，表示语意未尽，停顿的时间较短。在该用句号的地方用了逗号，就会使语意前后牵连，结构层次不清。例如：

①＊时下的漫画题材亟待拓宽，漫画家的创作思路亟待拓展，我国许多漫画都题材雷同，缺乏新意，讽刺力度不足，似没牙的老婆婆，《中国漫画》副主编孔令强说：漫画应将漫画创作与信息时代紧密结合，现在许多作者说没什么可画，其实除了时事漫画，像科技、体育、健康、时尚等多领域都可以涉及的，不要大家一窝蜂地都只画反腐漫画。

例①是一大段话，中间全用逗号，层次不明，表意不清。这段话在内容上应该分四个方面：一是作者对创作题材与创作思路的看法，二是漫画创作存在的问题，三是说漫画创作应与信息时代紧密结合，四是谈如何拓展思路。所以应该将“拓展”“老婆婆”“结合”三处后面的逗号全部改为句号。

②＊榆林很古，一下车就感觉到了，出站的地方就是残缺的城墙，一条旧街上，坐落着三种不同样式的古楼，人与车在楼下穿行。

③＊我们的肌肤每天都受到不同的侵害，如阳光的辐射、空气的污染、干燥的空调环境，每天紧张的工作消耗掉大量的能量，使肌肤变得干燥、粗

糙，您是否想过给自己的肌肤补充一些能量呢？

例②的前两个分句说的是一下车就能感觉到榆林很古老的特点，后面几个分句说的是具体看到的景观，而且两部分的分句间已经使用了逗号，所以“感觉到了”后的逗号应改为句号。例③的前面几个分句都是说肌肤受到的不同侵害，最后一个分句提醒大家给肌肤补充些能量，前后两部分意思截然不同，所以应把“粗糙”后面的逗号改为句号。同时应将“环境”后面的逗号改为分号，因为前后分述两种不同的侵害，是并列关系。

（2）该用句号的地方误用了问号

有些句子中包含疑问代词或疑问格式，但全句并不是疑问句，也没有疑问语气，所以句末不能用问号。例如：

①＊她这一搅和，我也不知道该怎么办了？

②＊请你跟我说说哪个专业更好？

例①的“该怎么办”和例②的“哪个专业更好”是句子的宾语，虽有疑问词，但全句是陈述句，所以句末不能用问号。

（3）一些成对使用的关联词语之间，不能用句号

一些关联词语常常成对使用，如“不但……而且……”“如果……就……”“只有……才……”“不是……而是……”“虽然……但是……”等，这些关联词语连接的是前后呼应的分句，分句关系很密切，中间不能有较大的停顿。如果使用句号，就破坏了前后分句之间的联系，割裂了语意，造成理解上的障碍。例如：

①＊通过昨天的比赛情况可以看出，亚洲攀岩

水平较高的韩国和日本虽然没有尽遣高水平选手前来参赛。但这两个国家的选手实力依然出众。

②＊如果爸爸没有按时参加你的婚礼，或者打电话说家里走不开。那么一定是出大事了。

例①的“虽然……但……”连接两个分句，表示转折关系。例②的“如果……那么……”连接两个分句，表示假设关系。这两例的分句之间语意密切，所以都应将句号改为逗号。

如果前后语言单位之间的联系不是很紧密，则关联词语前面可用句号。例如：

③语言，也就是说话，好像是极其稀松平常的事儿。可是仔细想想，实在是一件了不起的大事。

（二）问号（？）

问号是句末点号的一种，主要表示句子的疑问语气，其形式是“？”。疑问语气出现在疑问句中，后者多用来提问。

1. 问号的用法

（1）用在是非问句的末尾

是非问句是说话人提出一种看法或判断，希望对方做出肯定或否定回答的问句。例如：

①你知道我在等你吗？

是非问句可以有问有答，也可以只问不答，还可以猜想而问，希望证实所问内容。例如：

②你一定不会袖手旁观的，是吧？

（2）用在特指问句的末尾

特指问句是希望对方就句中的疑问点做出回答的句子。疑问点一般由“谁、什么、怎么样、如何、多少、几、哪儿、哪里”等词表示。例如：

①汉语有许多方言，这些方言有何特点？方言是怎样形成的？研究方言有什么用？

②小敏在电话里焦急地问：“你在哪里？和谁在一起？”

（3）用在选择问句的末尾

选择问句是提出几种可能的情况，希望对方从中选出一种作为回答的句子。例如：

①瞧，那群骑自行车翩翩而来的身着风衣的少女，是红蝴蝶，是绿鹦鹉，还是蓝孔雀？

②你是向他解释清楚好呢，还是默不作声好？

上面两例是由几个分句组成的选择问句，除了全句末尾使用一个问号之外，前面的分句之后一律用逗号。如果需要强调每个选项的独立性，也可以在每个选项后面都用问号。例如：

③是该安慰她们？还是该鼓励她们？

（4）用在正反问句的末尾

正反问句是用肯定与否定并列的方式提问的句子。例如：

①形声字是不是也在不断地变化？这种变化是

不是也有规律可循？

②你别打扰我好不好？

(5) 用在反问句末尾

反问句是明知故问、只问不答、用问句的形式表示肯定或否定的内容的句子。例如：

①让老人在晚年生活得更幸福一点不应该吗？

②他做了错事，难道不能批评？

反问句可以抒发强烈的思想感情，所以具有感叹句的性质，因此句末有时也可以用叹号。例如：

③这是一种什么样的梨啊！它不是梨，简直是糖葫芦；不，糖葫芦又怎么能比得上它呢！

为了表示疑问和强烈感情兼而有之的语气特点，有时问号与叹号可以并用。例如：

④千古奇冤，江南一叶；
同室操戈，相煎何急?!

(6) 用在设问句的末尾

设问句是说话人为了突出、强调自己所要表达的意思，先提出问题，然后做出回答。例如：

①什么是路？就是从没路的地方践踏出来的，从只有荆棘的地方开辟出来的。

②在这种暴行面前，能保持沉默吗？不能！

（7）独语句表示疑问时，句末用问号

独语句是由一个词带上特定的语调构成的句子。如果独语句表示疑问，则用问号表示。例如：

①“怎么样?”小李神秘地对我笑笑。

②“谁?”小娟在黑暗中摸索着手电，怯怯地问。

（8）用在句子中某些有疑问的词语之后

对句子中某些词语有怀疑，往往在该词语后面加上括号，在括号内用问号表示怀疑。这种用法具有标号的性质。例如：

①却又惊喜地发现，其中竟有几树桃花（?），红火如燃——怪不得吸引了这许多白蝶呢!

②鲍照（414? —446），字明远，南朝宋东海（郡名，在现在江苏省涟水县）人。

例①的问号表示对是否为桃花还不完全肯定，例②的问号表示人物生年不确定。

（9）为了突出强烈的疑问语气，可以叠用问号

猛地，老支书爆发起来，对着坑底的人们一阵狂喊：“为啥不挪?? 咋，玉香的东西，不给玉香给你？……挪！一根头发也是她的，挪!”

上例中“为啥不挪??”连用两个问号，突出地表现了说话人强烈的疑问语气。但是，问号叠用不是没有限制的，这种叠用往往伴随语气的加强和递进的过程，一般是先单用，再叠用，最多叠用三个问号。如果没有强烈的情感表达，不宜叠用问号，如“电脑辐射对孕妇到底有多大影响???”应改用一

个问号。

2. 问号的误用

(1) 疑问句中主谓倒置时，或疑问句中有呼语时，问号易被误用

问号是表示句末停顿的点号，所以只能用在句子末尾。疑问句主谓倒置时，或称呼语后置时，问号同样只能出现在句末。例如：

①“没事吧，丁师傅?”老秦关切地问着。

②我悄悄问：“今天又给小胖钱了，你?”

主谓倒置时，不能一看到表示疑问的语气词就用问号。例如：

③*怎么了? 你这个淘气鬼。

例③的问号应该放在“淘气鬼”的后面，而不能放在“怎么了”之后。否则，就将一个完整的句子分为两个句子，破坏了结构的完整性。

(2) 陈述句中带有疑问词语或疑问格式时，问号易被误用

陈述句中带有“什么”“怎么样”“如何”等疑问代词，或带有“是不是”“能否”“能不能”“要不要”等疑问格式时，整个句子并不是疑问句，也没有疑问语气，所以句末不用问号。例如：

①不是样样东西都可以多生产，要不要多生产，要看原材料够不够，销路有没有，有原料、有销路的才能多生产。

例①是表示陈述的复句，“要不要”“够不够”“有没有”等疑问格式都处于分句之中，不能用问号。下面是问号误用的例子：

②＊厂长让王秘书把开会的文件准备好，并打听来宾乘坐的列车什么时候到站？

③＊外出旅游，难免会出现游客权益受到侵害的情况。游客应该知道如何防止这种事情的出现？如何更好地保护自己？

例②的“来宾乘坐的列车什么时候到站”是动词“打听”的宾语，它只是句子中一个有疑问代词的成分，并没有疑问语气，所以应将问号改为句号。例③的“如何防止这种事情的出现”和“如何更好地保护自己”都是“应该知道”的宾语，全句仍是陈述句，所以应将两个问号分别改为逗号和句号。

（三）叹号（！）

叹号是句末点号的一种，主要表示句子的感叹语气，如赞叹、感慨、喜欢、惊讶、悲愤、叹息等，其形式是“！”。除感叹句外，语气强烈的祈使句和反问句，句末也用叹号。

1. 叹号的用法

（1）用在感叹句末尾

①松树的生命力可谓强矣！

②蜜蜂是渺小的，蜜蜂却又是多么高尚啊！

以上句子都带有强烈的思想感情和感叹语气，句末用叹号。

（2）用在由叹词构成的独语句末尾

①啊！好一派迷人的秋色！

②唉！要是哥哥在这里，该多好！

如果语气较弱，叹词后面也可以使用逗号。例如：

③咦，你怎么知道我的名字？

（3）用在称呼语之后

①二哥！好久不见，你好哇？

②他的态度终于恭敬起来了，分明地叫道："老爷！……"

（4）用在由拟声词构成的句子末尾

①砰！砰！清脆的枪声，划破了深夜的寂静。

②海又动荡，波浪跳起来，轰！轰！

如果拟声词不是单独成句，而是充当修饰成分，那么拟声词后一般不用叹号。例如：

③渠里的水"哗哗哗"地流着，席棚里的人响着鼻鼾，柴火发出"噼噼啪啪"的响声。

（5）强调人或事物及其属性时，也可以用叹号

①大家争着买：

"好席子，白洋淀席！"

②拉车的一边走，一边儿喊："有上清华的没有？嗨，清华！"

（6）用在感情强烈的陈述句末尾

①澳星保住了！火箭保住了！发射场保住了！所有参加发射的人员也全部脱离了危险！

②“我现在宣布，第29届奥林匹克运动会的举办城市是：北京！”

北京时间7月13日晚10时09分，当国际奥委会主席萨马兰奇在莫斯科国际贸易中心宣布这一结果时，会场沸腾了！北京沸腾了！中国沸腾了！世界沸腾了！

以上陈述句都表达了强烈的思想感情，所以末尾都用叹号。

（7）用在语气强烈的反问句末尾

①看你恶成这样，难道你能吃了我！

②你如果能像天上的星星，在我眼前晃一晃就好了。可是能够吗！

如果反问句更多地强调疑问的语气，则句末一般用问号。例如：

③国家这么大，这么穷，不努力发展生产，日子怎么过？我们人民的生活如此困难，怎么体现出社会主义的优越性？

（8）用在语气强烈的祈使句末尾

①什么人？赶快出来！

②“小心！小心！”上尉突然大吼。

如果祈使句的语气比较缓和，句末也可以用句号。例如：

③天不早了，我们快回吧。

（9）用在文中需要强调的词语之后

①落第考生的这些道听途说被一位官员听到了，就到顺治皇帝那里奏了一本，顺治皇帝闻奏后立即（！）下旨，正副主考一律革职，把那位考生方章钺捉来严审。

②因此，大家“深深地怀念他，至于那些只对农夫抱好感而没有为他做半点切实（！）事情的先生们，却连一点怀念也没有留下”。

例①在“立即”后加叹号，强调皇帝下旨之快。例②强调那些先生们对农夫做出的事都是虚假的，连半点“切实”的也没有。

（10）叹号还可用于句子成分中，强调声音或感叹语气

①铁匠铺里不时传来“叮叮当！叮叮当！”的声音，极有韵律和力量。

②他们在“哇！”里恢复了理智，哲学、党性、原则、道德等等构成一位领导者素质的全部要素全都回到大脑，支配他们的行动。

上面两例叹号用于句子成分中，表示声音清脆或感叹语气，不表示停顿。这是叹号的特殊用法。

（11）用在标题或口号后面

①诗歌《地球，我的母亲！》

②安全保证生产，生产必须安全！

（12）语气非常强烈或兼有疑问语气时，可以叠用叹号或

叹号与问号连用

①知道发射程序的我，一看起飞时间已过，竟忍不住冲着电视机就是一声吼："紧急关机!!!"

②"过来先吃饭！毒不死你！两碗老豆腐管什么事?!"虎妞一把将他扯过去，好像老嫂子疼爱小叔子那样。

叠用叹号应特别慎重，切忌滥用。新标准《标点符号用法》(GB/T 15834—2011）规定："表示声音巨大或声音不断加大时，可叠用叹号；表达强烈语气时，也可叠用叹号，最多叠用三个叹号。在没有异常强烈的情感表达需要时不宜叠用叹号。"叹号与问号连用，多数情况下是疑问语气多于感叹语气，所以以问号在前为宜。疑问与感叹是两种不同的语气，真正需要连用的情况并不多，只有需要同时表达这两种语气而且语气都比较强烈时，才采取连用的形式。

2. 运用叹号应注意的问题

(1) 叹号的滥用

叹号是用来表示强烈语气和感情的点号，一般的陈述句末尾和分句后不宜用叹号。例如.

①＊他举例说，去年我国 8993 家旅行社全年的总收入，还不到日本交通旅行社一家全年业务的一半!

②＊她穿了很淡雅的衣服，脸上露出非常忧郁的脸色！从前丰润的面貌，已变成惨白，连眼圈也

有些青色！

以上句子都是陈述句，语气并不强烈，所以句末的叹号应改为句号。

两三个叹号叠用，或叹号与问号连用应慎重，避免滥用。例如：

③＊报纸怎么就可以刊登这种天天吃饱了饭没事做，骗稿费、博眼球的文章呢！！！

④＊刚一进门，我就看到一个陌生的男人坐在我的办公桌前，我吃了一惊，冲上去问他："你是什么人?！怎么坐在我的办公室！！！"

语气的强烈与否，主要是由文章的内容决定的，而不单纯由标点符号决定，上例中的三个叹号叠用都属于滥用，分别改为一个叹号就可以了。

（2）感叹句与祈使句在主谓倒置时，叹号应放在句末

①多么可怜啊，这个孩子！

②出来吧，你们！

在主谓倒置的句子中，一看到语气词就用叹号，就会将一个完整的句子分隔成两句，破坏句子的整体结构。例如：

③＊多么纯朴啊！这里的人民。

④＊好好干吧！小伙子们。

以上两例的句末句号应改用叹号，语气词后的叹号改为逗号。

（四）逗号（，）

逗号是句内点号的一种，表示句子内部的一般性停顿，其形式是“，”。逗号的特点表现在两个方面：首先，逗号表示句子内部的停顿，只能用于句子内部，这与句末点号句号、问号、叹号不同；其次，逗号表示句子内部的“一般性停顿”，这与句内点号顿号、分号、冒号不同。顿号表示句子内部并列词语之间的停顿；分号表示复句内部并列分句之间的停顿；冒号表示提示性话语之后的停顿；如果句子内部的停顿不适用上述三种点号，就可以使用逗号。所以，“一般性停顿”是对其他三种点号而言的。

逗号的使用范围主要包括两个方面：一是用在单句的各种成分之间及成分内部，二是用在复句的各个分句之间。不管分句之间的逻辑关系怎样，都可以使用逗号（冒号除外）。可以说，逗号是使用最频繁、最广泛的一种点号。

1. 逗号的用法

（1）用在复句的各个分句之后和分句内部

复句的分句之后，停顿多由逗号表示。如果分句结构比较复杂，其内部的停顿也常用逗号表示。例如：

①如果说瞿塘峡像一道闸门，那么巫峡简直像江上一条迂回曲折的画廊。

②真正有理想的人，必定珍惜一分一秒，因为每一瞬间的奋斗都关系着目标的实现。

（2）表示句子中述宾之间的停顿

①人们说，黄叶的意义在于哺育春天。我说，黄叶本身也是美。

②这就意味着，一切今天没有的，明天就可能有；一切没有达到的，明天就会达到！

如果宾语较长，动词后的停顿也可以用冒号表示。例如：

③有人说：有些胜利者，愿意敌手如虎，如鹰，他才感得胜利的欢喜；假使如羊，如小鸡，他便反觉得胜利的无聊。

（3）表示状语之后的停顿

①1945 年抗战胜利后，徐悲鸿夫妇在家中设宴，专门招待齐白石与张大千。

②物候资料对于安排农作物区划，对于确定造林和采集树木种子的日期，很有参考价值。

（4）表示句子主语与谓语之间的停顿

主谓之间用逗号表示停顿，有的是为了使语气舒缓，突出主语的内容；有的是因为主语的结构复杂，在主语之后稍做停顿，使句子结构更加明晰；有的是主语之后带语气词，为了表达某种感情，用逗号表示停顿。例如：

①所有的语言，都不能表达出那样的感情。

②母亲那种勤劳的习惯，母亲那种宽厚仁慈的态度，至今还在我的心里留有深刻的印象。

③那醉人的绿呀，仿佛一张极大极大的荷叶铺着，满是奇异的绿呀。

（5）表示感叹语、应答语之后的停顿

①哎呀，你这不是难为人嘛！

②哟，一提男朋友，还害羞哪！

③好吧，你有你的主意，死了可别怨我！

表示列举的词语后面往往有语气词，用逗号表示停顿。例如：

④马悦然是湘江京剧团专画舞台布景的，山啊，水啊，亭台楼阁啊，画得活灵活现。

（6）表示称呼语之后的停顿

①孔乙己，你脸上又添上新伤疤了。

②“先生，能不能抬高一点？”差不多是哀求的声气。

上面两例中的称呼语是对人的呼唤。当然，也可以把物当人一样呼唤，这是修辞中的拟人手法。例如：

③春天，你像彩色斑斓的蝴蝶翩翩飞来了！

（7）表示插入语之后的停顿

插入语是一种比较特殊的句子成分，一般来说，插入语要与其他句子成分隔开，用逗号表示停顿。例如：

①据说，这就是梅雨潭之所以得名了。

②这几天，大家晓得，在昆明出现了历史上最卑劣最无耻的事情！

（8）用在单句比较复杂的句子成分内部

有些句子成分包含的内容多，结构复杂，成分内部往往需要停顿，一般用逗号表示。例如：

①你的“无抵抗主义”，你的“作揖主义”，只会把二哥断送掉。

②就在这一瞬间，他发现那个同志的脸色好像舒展开来，眼睛里那死灰般的颜色忽然不见了，发射出一种喜悦的光。

(9) 用在变式句中，表示主语与谓语之间，中心语与定语、状语之间的停顿

①为什么要巢出去呢，你这死鬼！

②偶然看到地面，却盘旋着一匹小小的动物，瘦弱的，半死的，满身灰土的。

③如果我能够，我要写下我的悔恨和悲哀，为子君，为自己。

(10) 表示连词之后的停顿

一些连词，如“甚至、因此、但是、接着、因而、而且、或者”等后面往往用逗号表示停顿。例如：

①但是，我怎么一点消息都没有呢？

②邹丽梅眼睛湿润了，接着，两滴硕大的泪珠涌出眼眶。

关联词语之后也可不用逗号。例如：

③学习本民族的语言尚且要花许多力气，何况学习另一种语言呢。

(11) 表示次序语之后的停顿

人们在陈述比较复杂的内容时，往往分条列举，用“第……”“其……”“首先……”等表示次序，次序语之后常用逗号。例如：

①演讲结束之后，有三个问题被问得最多：“第一，你觉得你成功的最大因素是什么？第二，你的公司去年的营业额是多少？第三，你们公司现在招人吗？麻烦给一个发简历的邮箱吧。”

②“以房养老”的前提是手里有房。首先，拥有房屋产权；其次，老人与子女分开居住；最后，老人的经济状况适中。

2. 逗号的误用

(1) 混淆逗号与句号的用法

逗号表示句子内部的一般性停顿，句号表示陈述句末尾的停顿。经常出现的问题是，一句话已经结束，没有用句号，而是继续使用逗号。例如：

①*茶叶中的脂多糖可以改善造血功能，能防辐射损害，脂多糖注入人体后，在短时间内即可增强机体非特异性免疫力。

②*人的情绪可以分为两大类：一类是欢乐、兴奋等健康情绪；另一类是抑郁、愤怒、恐惧、悲伤等有损身心健康的不良情绪，后者被称为负性情绪。

例①的“能防辐射损害”后的逗号应改为句号，因为前面说的是脂多糖的两个优点，后面说的是脂多糖注入人体后会如何，这两部分内容相对独立。例②的“不良情绪”后的逗号应改为句号，因为前面介绍两大类情绪是什么，后面是对后一种情绪的进一步说明，前后各自成句。

也有该用逗号而错用为句号的现象。逗号表示一句话尚未说完，后面还有相关的内容需要表达。如果将逗号误用为句号，就会割裂语意，不能条理清楚地表达出意思。例如：

> ③＊齐白石是一位气节凛然的现代画家，在民族生死存亡的关头，面对日本军国主义的威胁利诱，不为所动。表现出一个艺术家的高尚气节。
>
> ④＊业内人士指出，高学历者在就业上应该有一个全新的观念。也就是要正确评估自身价值，因为高学历并不等于高素质。

例③的“表现出……”是前一部分内容的总结性说明，例④的“也就是……”是对前面意思的解释，这两例都应将上述位置前的句号改为逗号。

（2）该用逗号的地方没有用逗号

该用逗号表示停顿的地方没有用，使得前后牵连，层次不清。例如：

> ①＊他一生仕途坎坷东飘西荡政治上失意，却玉成了他在文学艺术上的长足发展，也促使他形成了豁达的人生态度和自得其乐的生活方式。
>
> ②＊郭纪森老人说，从15岁起，他便离开家乡，在琉璃厂的古旧书店当学徒至今他在琉璃厂已经71

年了。

例①应将“他一生仕途坎坷东飘西荡政治上失意”改为“他一生仕途坎坷，东飘西荡，政治上失意”。例②的“当学徒”后应加逗号，表示停顿。

(3) 不注意语言的层次性，混淆逗号与顿号、分号的用法

①＊在旅途中发生旅游经营者不履行合同，欺诈游客，索要小费等情况，旅游者都可以向有关部门投诉。

②＊地方保护网涉及一个地方的司法、公安、工商、物价、税务、金融等领域，其危害性十分巨大。从市场经济的角度来说，它不利于市场竞争机制的正常发育和成熟，更不利于统一开放的市场体系的形成，从法制现代化角度而言，它破坏了国家法律的统一性，破坏了司法、执法的严肃性、公正性，最终损坏了法律和国家机关在人民群众中的形象，从地方人民的利益来说，它顾及的是少数人眼前的蝇头微利，而牺牲了本地绝大多数人民的长远的整体利益。

例①的“旅游经营者不履行合同，欺诈游客，索要小费”中，两处逗号应改为顿号，因为这一部分内容充当定语，分句间已经使用了逗号，这里用顿号才能分清层次。例②的三个“从……”是并列成分，这三部分内部已经用了逗号，所以“从法制现代化角度而言”和“从地方人民的利益来说”前的逗号应改为分号。

（五）顿号（、）

顿号是句内点号的一种，表示句子内部并列词语之间或某些次序语之后的停顿，其形式是“、”。顿号只能放在句子内部，不能放在句子末尾，而且只能用在并列词语之间。

1．顿号的用法

（1）用在句子成分内部，表示并列关系

①瞿塘峡、巫峡、西陵峡，每一个峡谷都浓缩得密密层层，再缓慢的行速也无法将它们化解开来。

②这些作品大大丰富了现代汉语文学语言，鲁迅、茅盾、郭沫若、冰心、老舍、巴金等人的小说、散文、杂文，成为现代汉语的规范。

用顿号表示较长、较多的并列成分之间的停顿时，最后一个成分前可用“以及（及）”和表示递进的“甚至”等连接。例如：

③年轻大学生对公务员趋之若鹜，实际上是一种恐慌性的报考，折射出他们对公平竞争的怀疑、对安全保障的担忧以及对未来预期的不确定。

（2）用在层层递升或层层递降的数量之间，表示数量的逐渐增加或减少

①一年、二年、三年过去了。在这段期间他收到了两封信。

②在选择这些作品时，我们是带了强烈的预测

意识的：这些作品在几年、十几年、几十年以后是否还能配得上“文学作品”的称号？

（3）表示次序语之后的停顿

1920年，蔡元培遭遇妻子黄仲玉病逝。时任北大校长的蔡元培日常事务繁多，出于工作和家庭的需要，不得不考虑续娶。他提出的条件是：一、具备相当的文化素质；二、年龄略大；三、熟谙英文而能成为研究助手。

2．运用顿号应注意的问题

（1）顿号与连词

词语间的并列关系除了用顿号表示以外，还常使用连词“与、和、跟、而、同、及、以及、或者”等表示。例如：

①她们根本就没有“做”或者“不做”的自由。

②天哪，你怎么能这样对待你的妻子跟孩子！

表示三项或三项以上的并列关系时，往往在最后两项之间使用连词。例如：

③从汉代到明清，以《孔子家语》《颜氏家训》和《朱子治家格言》为代表的家训读本一直都在流传，为子孙留下文本形式的训诫也成为一种趋势，比如唐太宗李世民为了教育继承人如何做好皇帝而编写了《帝范》等。

如果并列词语不在一个语义层次上，可以用连词和顿号表示不同的层次关系。例如：

> ④这场辩论，反映了科学与反科学、进步与保守两种势力的斗争。

例④的并列词语有两个结构层次。第一个层次用顿号表示，第二个层次分别用连词“与”表示，这样，结构层次非常清楚。用“及”“以及”连接的并列词语在意义上通常有主次之分，连词后面的并列成分往往比较次要。

（2）顿号与逗号

顿号的基本用法是表示句内的并列关系，逗号的使用范围比顿号大得多。另外，逗号表示并列关系时，停顿要长于顿号。如果句子的语气舒缓一些，宜用逗号；语气急迫一些，宜用顿号。例如：

> ①历史上许多伟人的成长都得益于优良的家风，叨陪鲤对、孟母断杼、岳母刺字、朱子家训等优良家风，在家庭教育史上留下了脍炙人口的佳话。
>
> ②筱燕秋走进家门的时候更加严峻地阴着一张脸，不吃，不喝，不洗，不说，一声不响地上床。

例①的并列的词语在整个句子中显得很紧密，语气连贯，所以用顿号表示并列关系。例②的并列的词语是作者要表达的重点内容，要求读得慢一些，所以这里的并列关系用逗号表示要比顿号更合适一些。

从使用范围上来说，顿号只能表示句子内部并列词语之间的停顿，而逗号除了与顿号相同的用法以外，还可以表示分句之间的停顿。例②的“不吃，不喝，不洗，不说，一声不响地上床”在语法结构上已是五个分句，其间的停顿只能用逗号表示，不能用顿号。

并列各项之后往往用“等”“等等”表示列举未尽。如果列举的各项之间用顿号，“等”“等等”之前不用点号；如果列举的各项之间用逗号，则“等”“等等”之前要用逗号表示停顿。例如：

③笛、笙、箫、唢呐、三弦、二胡、鼓、板等各种乐器，生、旦、净、丑等各种角色，钱穆均有涉猎。

④女儿扮演一个印第安人的公主，她的同学们则分别变成了华盛顿、杰斐逊、亚当斯、富兰克林、麦迪逊、英国的将军以及各色人物的夫人等等。他们在台上讨论为什么要起草《独立宣言》，什么是“生命、自由和追求幸福的权利”，为什么为了捍卫这种权利要使用武力对抗大英帝国，等等。

如果“等”“等等”前不是几个成分的并列，只是列举了一项，则“等”“等等”前无须停顿，什么点号也不用。

多个并列数字之间的停顿，如果是汉字数字，则用顿号；如果是阿拉伯数字，则用逗号。例如：

⑤它有两条强健的大腿，有四条显得过分长了些的小腿。它的肚子有一、二、三、四、五，五个环节，愈往后愈细，至尾巴处，突然分成了两叉。

⑥在选车号时，他对3，6，8，9这几个数字特别感兴趣。

如果相连的并列成分全是中文或全是英文，夹在中文的句子内部，则一般用中文顿号隔开。

(3) 顿号与语言的结构层次

顿号的使用应多考虑语言层次问题。一般来说，如果句子成分之间用了逗号，则成分内部的并列关系要用顿号；如果并列词语之间处于同一个层次，用顿号或用逗号都可以；如果并列词语处于不同的层次，则小一些的层次用顿号，较高层次的并列关系用逗号。例如：

①从唐代以后，骈体文、古文、白话小说及戏曲，这三种文体一直保存到新中国成立以前。

②一部戏总是从唱腔戏开始。说唱腔俗称说戏，你先得把预设中一部戏打烂了，变成无数的局部、细节，把一部戏中戏剧人物的一恨、一怒、一喜、一悲、一伤、一哀、一枯、一荣，变成一字、一音、一腔、一调、一颦、一笑、一个回眸、一个亮相、一个水袖、一句话，变成一个又一个说、唱、念、打，然后，再把它组装起来，磨合起来，还原成一段念白、一段唱腔。

例①的“骈体文”“古文”“白话小说及戏曲”三部分处于同一层次，分别用顿号表示其间的停顿。例②的分句后面用了逗号，成分内部的并列词语之间一律用顿号。

(4) 顿号与简短的并列词语

相邻近的数词连用表示概数时，数词之间不用顿号。例如：

①等了二三十分钟电车还没有来，鲁迅先生依着沿苏州河的铁栏杆坐在桥边的石围上了，并且拿出香烟来，装上烟嘴，悠然地吸着烟。

有些词语经常并列使用，如“子女”“父母”“兄弟姐妹”“东西南北”“左右”等，结构很短，中间没有停顿，所以不需要用顿号。例如：

②打通农技下乡最后一公里，要的还是“土办法”，走下去，走到田间地头，走到农民身边，说出子丑寅卯，干出一二三四。让农民易看、易懂、易学、服气才是硬道理。

（5）顿号与并列的引号、书名号

新国标《标点符号用法》（GB/T 15834—2011）明确指出：“标有引号的并列成分之间、标有书名号的并列成分之间通常不用顿号。若有其他成分插在并列的引号之间或并列的书名号之间（如引语或书名号之后还有括注），宜用顿号。”这样规定是因为，上述并列成分之间不使用顿号并不影响对并列关系的理解，因为引号、书名号也有一定的分隔作用；同时去掉顿号，形式上显得更为简洁美观，还提高了标点的表达效率。例如：

①在英语中，通常把句子分为“简单句”“并列句”“复合句”3种类型。

②当年，章太炎与黄侃被民国学人称为“章疯子”“黄疯子”，所以黄侃敢说“八部书外皆狗屁”这样的“疯话”。他所说的八部书，乃《毛诗》《左

传》《周礼》《说文解字》《广韵》《史记》《汉书》和《昭明文选》。

因为并列的引号和并列的书名号之间有停顿，以前多使用顿号。新国标《标点符号用法》规定，上述情况通常不用顿号。如果书名号和引号的前后还有其他词语，如说明、附注等，则书名号之间、引号之间要用顿号。例如：

③例如方拱乾所著《宁古塔志》、吴振臣所著《宁古塔纪略》、张缙彦所著《宁古塔山水记》、杨宾所著《柳边纪略》、英和所著《龙沙物产咏》《龙江纪事》等等便是最好的例子，这些著作（有的是诗集）具有极高的历史学、地理学、风俗学、物产学等多方面的学术价值，是足可永垂史册的。

另外，用阿拉伯数字表示年月日的简写形式时，用短横线连接号，不用顿号。例如，日期 2018 年 11 月 5 日可以写成“2018-11-5”，不能写成“2018、11、5”。

3．顿号的误用

运用顿号时经常出现的问题是该用的时候没用，或不该用的时候用了，或使用时与其他点号混淆。例如：

①＊美国研究人员在一项研究报告中指出，喝茶可以减少患癌症如口腔癌、结肠癌、直肠癌、及消化系统、肺部生癌的机率。

②＊几年不见，小英已经长得像个十五、六岁的大姑娘了。

例①的“直肠癌、及消化系统”中的顿号是多余的，因为用了连词“及”表示并列关系，就不再用顿号了。例②的“十五、六岁”中的顿号也是多余的。

③＊为什么妇女比男人更容易患睡眠失调症呢？专家们认为，妇女容易陷入情绪消沉肌肉疼痛和慢性疲劳等状态，这些都会影响睡眠。

④＊前警犬训练员托马斯在两年前，开设了一家搜索犬出租公司，专为家庭，公司和学校提供搜索服务。

例③的“情绪消沉”后面应该加上顿号。例④的“家庭，公司”间的逗号应改为顿号，因为分句间用了逗号，分句内部的并列词语之间应该用顿号。

（六）分号（；）

分号是句内点号的一种，表示复句内部并列分句之间的停顿，其形式是“；”。分号的主要作用是分清层次，由于多重复句内的分句多，层次复杂，为了体现分句组之间的层次关系，非并列关系的分句间也可以使用分号。

1. 分号的用法

（1）在单重复句中，如果分句内部使用了逗号，则分句之间用分号

①山，名为鸣沙山；泉，名为月牙泉。

②平时，他有点怕她；现在，她没有一点可怕

的地方了。

如果同一层次的多个分句内部没有使用逗号，则分句间的并列关系应该使用逗号。例如：

③狂风吹不倒它，洪水淹不没它，严寒冻不死它，干旱旱不坏它。

如果有意突出分句内容的独立性，分句间的分号也可以改为句号。但是改为句号以后，就成为两个句子，停顿的时间加长，不再是一个并列复句了。例如：

④他，是口的巨人。他，是行的高标。

（2）用在多重复句中并列的分句组之间

①燕子去了，有再来的时候；杨柳枯了，有再青的时候；桃花谢了，有再开的时候。

②有的像羽毛，轻轻地飘在空中；有的像鱼鳞，一片片整整齐齐地排列着；有的像羊群，来来去去；有的像一床大棉被，满满地盖住了天空；还有的像峰峦，像河川，像雄狮，像奔马。

（3）在多重复句中，非并列关系的分句组之间也可以用分号，目的在于分清结构层次

①塘中的月色并不均匀，但光与影有着和谐的旋律，如梵婀玲上奏着的名曲。

②照例还有一个同乡会，吊烈士，骂满洲；此后便有人主张打电报到北京，痛斥满政府的无人道。

(4) 总分复句中，表示分说的分句之间用分号

①总起来讲，商代文字的情况大致是这样：一是表形字保持了记事图画的笔法；二是大量使用假借字，成为商代文字的主体；三是有了形声字这种新生的造字法。

如果表示分说的分句比较简短，内部没有使用逗号，那么分句间也可以用逗号，因为这样并不影响句子结构的层次性。例如：

②刘家峧有两个神仙，临近各村无人不晓：一个是前庄上的二诸葛，一个是后庄上的三仙姑。

(5) 用在单句中，表示句子成分内部的停顿

总体上说，分号是表示复句内部并列分句之间停顿的，但有时还可以用于单句内部。此时有条件限制：一是用于句子宾语内部的并列分项之间，二是用于直接引文之中。例如：

①“希望工程”的资助方式是：一、设立助学金，长期资助我国贫困地区品学兼优而又因家庭困难而失学的孩子重返校园；二、为一些贫困乡村新盖、修缮小学校舍；三、为一些贫困乡村小学购置教具、文具和书籍。

②他在信的末尾写道：“在时间上，争分夺秒是上进；在金钱上，斤斤计较却是堕落。”

2. 运用分号应注意的问题

(1) 分号的主要作用是分清层次

分号运用中常出现的问题，是不能准确地表现语言的层次性。例如：

①＊早年曾听父亲自论刀法，说有三大奥妙，一是意在刀先，要有灵感才好切菜；二是马步需稳，如此方能施展；三是听声辨位，断定材料的内部结构才好施力。

例①的“三大奥妙”是总说，此处应该在句中停顿的时间最长。后面的三个并列分句是分说，分说部分已经用了分号，总说后面就不能再用逗号，因为逗号的停顿小于分号。所以，“三大奥妙”后面的逗号应该改用冒号。

②＊中国人口问题出现了新的挑战。挑战之一：人口绝对数量继续增加。专家估计，人口零增长最早也要在本世纪中叶才能实现；挑战之二：人口素质亟待提高。北京市人口所侯亚非提出，我国人口平均受教育程度仍然停留在小学水平；脑力劳动者仅占从业人员的十分之一；中高层人力资本供不应求；挑战之三：人口老龄化日趋严重。我国 60 岁以上老人已经超过百分之十，与之相应的赡养问题、劳动力人口老化、抚养比升高都将成为必须解决的问题。

例②有两处分号使用不当。“挑战之二”与“挑战之三”前面的分号都应该改为句号。因为叙述三个挑战已经使用了冒号和句号，三个挑战之间再用分号，会使得语言层次不清。

（2）并列分句或分列的条款后面使用的点号应该一致

*据欧盟1999年底对世界上32个茶叶出口国和地区的分析结果，农药残留水平低的国家，包括非洲产茶国和亚洲的印度尼西亚和斯里兰卡；残留水平高的国家，包括中国、日本和越南。居二者之间的国家，包括印度等。

上例中“居二者之间的国家”前面的句号应改为分号，因为根据茶叶中农药残留水平将产茶国和产茶地区分为低、高、中三类，这三类是处于同一层次的并列关系。

（3）如果并列的词语较短，结构较简单，宜用逗号

①*“一份耕耘；一份收获。”他为党的教育事业付出了巨大的努力和牺牲，他本人也多次被评为先进工作者、优秀党员。

②*世界各国邮政专用颜色，是按照本国的传统和习惯而定的。如英国用红色，美国用灰色。我国信使们穿的是绿色的衣服；街上奔驰的邮政车也是绿色的；就连信使用的自行车也是绿色的。

例①的“一份耕耘”与“一份收获”是两个比较简短的短语，中间的分号宜改为逗号。例②的“我国信使们……自行车也是绿色的”是三个并列的分句，结构不复杂，中间的两个分号宜改为逗号。

（七）冒号（：）

冒号是句内点号的一种，表示提示下文或总结上文的停顿，其形式是“：”。冒号通常用来表示句中较大的停顿，而

较小的停顿不用冒号表示。

1. 冒号的用法

（1）用于总说性话语之后，引出分说的内容

①纺线有几种姿势：可以坐着蒲团纺，可以坐着矮凳纺，也可以把纺车垫得高高的站着纺。

如果不强调总说语的提示性，也可以在总说之后用逗号，但如果表示分说的分句之间用了分号，那么总说后面就要用句号。例如：

②人生的逆境大约可以分四种。一曰生活之苦，饥寒交迫；二曰心境之苦，怀才不遇；三曰事业受阻，功败垂成；四曰存亡之危，身处绝境。

（2）用在总括语之前

①九斤老太自从庆祝了五十大寿以后，便渐渐的变了不平家，常说伊年青的时候，天气没有现在这般热，豆子也没有现在这般硬：总之现在的时世是不对了。

如果表示分说的分句之间没有使用分号，总说时也可不用冒号。例如：

②一面要致力读书，一面要关心政治，两方面要紧密地结合起来。

（3）用在“说、想、问、说道、知道、决定、指出、宣布、规定、是、呐喊、吐槽”等提示性词语之后

①上官来弟就势跪在甬路上，哭着说：“奶奶，您打死我吧。”

②更多情况下，人们通过娱乐表达内心的不满。如最近网友对4G网络收费贵“吐槽”：“一觉醒来，房子就没了。”有人对空气污染“吐槽”：“世界上最远的距离，不是我坐在你对面你不知道我爱你，而是我站在你对面却看不到你。”

以上语例冒号之后都是直接引语，如果引语不是原话，而是转述别人的话，提示性词语之后不能用冒号。在小说中，有时为了行文活泼一些，将直接引语分别置于提示语的前后，这时，提示语后面的冒号要改为逗号。例如：

③“后边排队去!”一个五大三粗的人说，“你急，这里排队的人谁不急?”

有时也可以将提示语放在引语的后面，提示语后应该用句号，而不用冒号。例如：

④“毛所长，要不要送一下?”刑警支队的赵队长笑着问。

如果不需要强调宾语的独立性和动宾之间的停顿，动词之后也可以用逗号，甚至什么点号也不用。例如：

⑤丁钩儿微笑着说，我要真是新来的矿长你怎么办?

⑥她说她再也不理我了。

(4) 用于采访、辩论、座谈、法庭审讯中发言者的姓名

或身份之后，引出所说内容

记者：您的座右铭是什么？

吴仪：一个是中国古代著名诗人屈原的名句："路漫漫其修远兮，吾将上下而求索。"一个是你们原苏联《钢铁是怎样炼成的》一书作者奥斯特洛夫斯基所说的："人的一生应当这样度过，当他回首往事的时候，不因虚度年华而悔恨，也不因碌碌无为而羞耻。"

（5）用于书信、讲话中的称谓或称呼语之后

①雅典的人们：原告们的话虽然说得头头是道，可是没有一句是真的。

称呼语之后也可以用叹号或逗号。例如：

②朋友们！首先，我向诸位的到来表示由衷的感谢！

③各位家长，这学期就要结束了。今天，请大家来参加本次家长会……

（6）用在需要解释的词语之后，引出解释的话

①人家称她是"四乐老太太"：助人为乐，以苦为乐，知足常乐，自己寻乐。

②人生必须配备的几副眼镜：一是望远镜，看远；二是显微镜，看细；三是放大镜，看透；四是太阳镜，看淡；五是哈哈镜，笑看人生。

如果解释语前用了"即""也就是说"等提示语，就不能

再用冒号。

（7）用在需要说明的主题词之后，引出说明的内容

①空巢家庭：老人为何泪涟涟

②第七届国际大专辩论赛

时间：2005 年 8 月 31 日　星期三　下午七点

地点：新加坡新传媒演播大厅

2．运用冒号应注意的问题

（1）注意冒号的概括范围

冒号所概括的范围一般要到句子的末尾，有时可以大于一个句子，达到几个句子、一个或几个自然段。冒号所提示的内容完结之后要用句号，否则，所提示的内容与后边其他内容会出现界限不清的情况。例如：

①＊新中国成立以后，于 1949 年 12 月第一次全国邮政会议上，曾讨论了邮政专用色问题，讨论结果认为：绿色象征和平、青春和繁荣，因此决定，人民邮政一律采用绿色为专用色。

②＊不少人认为：儿童天真烂漫，无忧无虑，又没有重大的精神刺激，不可能发生心理异常，这种看法是不正确的。

例①的提示内容到“繁荣”已经完结，所以“繁荣”后的逗号应该改为句号。例②的提示内容为“儿童……异常”，其后的逗号应改为句号。

（2）提示的内容过于简短时，一般不用冒号

①＊庞炳一看，乐了：咦，怎么了？

②＊大家都认为：这样好，只有你提出一些古里古怪的问题，故意扫大家的兴。

例①的“咦，怎么了?”比较简短，冒号改为逗号比较合适。例②的“这样好”很短，前面的冒号应去掉。

(3) 句子内部避免套用冒号

①＊数年前，偶然购得两幅山水佳作：一为江文湛读研究生于西安美院时其导师罗铭教授遗作：《漓江畔》。一为江文湛于八十年代初所绘山水画作——《秦岭深处》。

例①前一冒号后面的解释语又用冒号，语言结构层次不明，应将后一冒号删去或改为破折号。

但是，引文中出现的冒号，可以与提示语后面的冒号同时出现，因为两处冒号处于不同的语言层次中。例如：

②《汉书·王嘉传》：“里谚曰：千人所指，无病而死。”

(4) 如果在列举式行文中需要连用冒号时，可将列举内容分行列出

所谓语言素质和语言能力，可以分为三个层面：

第一层面：理解能力和表达能力；

第二层面：分析能力和思辨能力；

第三层面：创新能力和研究能力。

（八）引号（“ ”）

引号是标号的一种，用来标明行文中直接引用的内容或需要特别指出的成分。引号分双引号和单引号两种，形式分别是““　””和“‘　’”。引号中引用的内容应该照录原话或原文。

1．引号的用法

（1）标示文中引用的内容

引用的内容可以是一个词、一句话或整段的话。例如：

①鲁迅先生有两句诗：“横眉冷对千夫指，俯首甘为孺子牛。”这是他自己的写照，也是他作为一个伟大作家的全部人格的体现。

②唐人有诗云：“春眠不觉晓，处处闻啼鸟。”现在还能“处处闻啼鸟”吗？

（2）引用成语、俗语、歇后语等，也多使用引号

①基本医疗保险“雪中送炭”
　商业医疗保险“锦上添花”

②“金钱不是万能的，没有钱是万万不能的。”他不止一次调侃着这句流行语。

（3）标示文中需要解释、说明、论述的词语

①也有一些字眼的意义变化或者事物的名称改变，跟人们的生活不一定有多大关系。比如“江”原来专指长江，“河”原来专指黄河，后来都由专名

变成通名了。

②什么是真正的“白富美”：身为女子，洁身自好为白，经济独立为富，内外兼修为美。何谓真正的“高富帅”：身为男子，大智若愚、宠辱不惊是为高，大爱于心、福泽天下是为富，大略宏才、智勇双全是为帅。

(4) 标示文中需要加以强调的或具有特殊含义的词语

①不知从何时开始，“剩女”成了人尽皆知的专有名词，专门指那些受过良好教育、面临巨大求偶压力的城市单身女孩。

②坚持“苍蝇”“老虎”一起打，加大依法惩处力度。

(5) 用数字表示节日、纪念日或其他特殊日期时要用引号

①上路这天正是“八一”建军节，离澳星再次发射的日子还有十四天。

②“世纪劫难”“最黑暗的一天”……美国媒体用尽了类似的词汇，但所有这些似乎都不能道尽对美国“9·11”恐怖事件的真正感受——因为废墟中埋着无数个孩子的父亲、无数个丈夫的妻子、无数个爹娘的儿女。

(6) 用于文章中的简称和缩略语

①“一国两制”是从中国的实际提出的，中国面临一个香港问题，一个台湾问题。

②我是小贩，是穷人，不是“五乱”。贪污、受贿、徇私、枉法、包二奶才是“五乱”，我以这些为耻，以我的工作为荣。——一个小贩车上的标语

（7）文中的拟声词常用引号标出

“嘀铃铃铃——”电话就在这时候响了，清脆而急促，如同夜深人静的时候炸响的一串鞭炮。

引号的应用有一定的灵活性。一般来说，文中的拟声词、有特殊含义的词语应加引号，但是在表意明确、不会产生误解的情况下，也可以不加引号。

（8）表示反语也常用引号

有几个“慈祥”的老板到小菜场去收集一些莴苣菜的叶瓣，用盐卤渍一浸，这就是她们难得的佳肴。

反语加上引号，以区别于一般的论述。在表意明确的情况下，反语也可以不用引号。

2. 运用引号应注意的问题

（1）双引号与单引号的用法

如果只用一个引号，就用双引号；如果引文中还需要标示某些词语，就再用单引号。例如：

①九世纪的胡曾有《嘲妻家人语音不正》诗：“呼‘十’却为‘石’，唤‘针’将作‘真’，忽然云雨至，却道是天‘因’。”可见那时也有公认的

“正”音。

如果需要运用第三层引号，方法是在第二层的单引号之内再用双引号。不过用三层引号的情形并不多。也有人主张一般情况下用单引号，引号内再用引号时，用双引号。例如：

②‘博士买驴，书券三纸，未有“驴”字。’博士该是读过不少书的吧，可是他不会写一张契纸。

例②可以看作是引号用法的一种有益尝试，新国标《标点符号用法》未将其列入规范用法。

（2）注意直接引语与间接引语的区别

原封不动地引用别人的话或文章内容，被引用的部分称为直接引语；用自己的话转述别人的意思或文章内容，转述的部分称为间接引语。直接引语一般要用引号标出，间接引语则不用。例如：

①这种语言变异的现象，人人都有经验，汉朝的哲学家王充把它总结成两句话，叫作“古今言殊，四方谈异”。

②关于人为什么爱美，古希腊大哲学家亚里士多德曾经说过：只要不是瞎子，谁都不会问这样的问题。

例①的“古今言殊，四方谈异”是直接引用的内容，要使用引号。例②是间接引用的内容，不需要使用引号。

（3）引文末尾点号的使用

引文末尾的点号如何使用，主要应从两方面考虑：一是引文是否完整，二是引文前后是否有停顿（即引文是否具有相对的独立性）。

如果引文是完整的，而且前后都有停顿，即相对独立，则引文末尾的点号应标在引号内，引号之外不再使用点号。例如：

①刘大杰在他的《中国文学发展史》中也曾说："文体中使用新语言，是元剧文学的一大特色。但这种新语言用得最广泛、最成熟、最恰当的，无人比得上关汉卿。"

②"良辰美景奈何天，赏心乐事谁家院，朝飞暮卷、云霞翠轩……""小燕子，穿花衣，年年春天来这里……"若非亲眼所见，很难相信这意蕴悠远、唱腔缠绵的中国昆曲经典选段和充满至纯童趣的民谣，竟出自一群英国北爱尔兰孔子课堂的小学生之口。

不管引文是否完整，如果前面没有停顿，后面有停顿，则点号应标在引号外，引号内不用点号。例如：

③荆轲入秦刺秦王，燕太子丹饯荆轲于易水之上，临行荆轲歌"风萧萧兮易水寒，壮士一去兮不复还"。

④中国先贤提倡"读万卷书，行万里路"，也是希望能借着旅游增长见闻。

不管引文是否完整，也不管前面是否有停顿，只要引文后面没有停顿，则引号内外一律不用点号（问号、叹号除外）。例如：

⑤经过了二月天，等到“满园春色”时，会有“出门俱是看花人”的兴奋，更有“今年花胜去年红”的感慨。

如果引文带有问号或叹号，不管前后是否有停顿，引文所带的问号或叹号保留，引号外不用点号。例如：

⑥大约各民族都有“早安！”“午安！”“晚安！”“夜安！”之分，但有的民族语言不那样细分，如法国人习惯，白天都叫“日安！”（Bonjour！）英语还有一个招呼式的见面语“哈罗！”（Hello！）英国人美国人都这么用的，而这个见面语还逐渐转化到其他民族语去。

如果引文独立成段，则在引文首尾分别用前引号和后引号；如果引文包含几段，则在每段的开头用前引号，直至引文结束才用后引号。

（九）括号（（））

括号是标号的一种，用来标示行文中注释性的文字，标示补充说明及具有特定意义的词语。括号分为句内括号与句外括号两类。句内括号只注释句中个别词语，句外括号注释全句。这两类括号在用法上有很大的不同。

括号的形式比较多，有圆括号（）、方括号［］、六角括号〔〕、方头括号【】等，最常用的是圆括号。不同形式的括号各有其使用范围。

1. 括号的用法

(1) 标示注释内容或补充说明、举例等

①清世祖顺治十八年（公元1661年）3月23日，郑成功率大小战舰200余艘，军士2万5千人横渡台湾海峡。

②中华民族从夏朝开始（或更早）已经形成了以华夏（或称诸夏）为核心的格局，四五千年来，不断融合周围各族的一部分（或大部分），就像滚雪球一样，越来越大。

③普通话共有四个声调，即阴平声（如“妈”）、阳平声（如“麻”）、上声（如“马”）、去声（如“骂”）。

(2) 标示引文的出处或讲话的时间、地点

①且说“窝里斗”

（吕晓琳摘自《闲话中国人》一书）

②卡尔·马克思《政治经济学批判》导言

（摘自1857—1858年经济学手稿）

(3) 标示补加或订正的词语

①清·郑燮《与江宾谷、江禹九书》：“（温）飞卿叹老嗟卑，又好为艳冶荡逸之调，虽李（白）杜（甫）齐名，温（庭筠）李（商隐）合噪，未可并也。”

②一名中国居民，一生要办103个证件。近日，

广州市政协委员曹志伟拿出一张3.8米的“人在证(征)途”,展示中国居民从生到死的办证之旅。

(4) 标示次序语

①有一种民间文艺形式叫绕口令,又叫急口令,古时候叫急说酒令。例如,(1)“吃葡萄不吐葡萄皮儿,不吃葡萄倒吐葡萄皮儿”;(2)“板凳不让扁担绑在板凳上,扁担偏要板凳让扁担绑在板凳上。”

②(十二)对于投机商人,应在此次行动中给以适当的教训。

(5) 标示注音

①【落泊】也作落魄(pò,又音bó)。潦倒;穷困失意。泊(bó 箔)。

②“抢”(qiǎng)现义为“抢劫”,古义为“突”,其词义也无联系。

(6) 标示字典、词典里要解释的词条,或报刊上标示电讯、报道开头的消息来源,一般用方头括号

①【过客】guò kè 过路的客人;旅客。

②【美国《纽约时报》7月14日文章】题:北京赢得2008年奥运主办权(作者杰雷·朗曼发自莫斯科)

(7) 六角括号常用来标示文中注释词语的序号

这就是我党一九三五年八月宣言〔2〕,十二月决议〔3〕,一九三六年五月放弃“反蒋”口号〔4〕,八月致

国民党书[5]，九月民主共和国决议[6]，十二月坚持和平解决西安事变，一九三七年二月致国民党三中全会电[7]等等步骤之所由来。

(8) 标示作者国籍或所属朝代，多用方括号或六角括号

①《唐代长安方言考》[法]马伯乐 著　聂鸿音 译

②〔唐〕李白

(9) 标示公文发文字号中的发文年份，常用六角括号

关于切实做好社会保险个人权益记录管理办法实施工作的通知

人社部发〔2011〕107 号

(10) 语言学中常用方括号标示义素、国际音标等

①隐含意义的义素，就是这个词所反映的事物(包括动作、性状)等的非本质特征……如前面说过，“水”的隐含义素可以有［无味的］、［凉的］、［流动的］等。“女”的隐含义素可以有［柔弱的］、［弱小的］等。

②舌尖元音［ɿ］只出现在舌尖辅音［ts］，［tsʻ］，［s］的后面，［ʅ］只出现在舌尖辅音［ʈʂ］，［ʈʂʻ］，［ʂ］的后面。

2. 运用括号应注意的问题

(1) 区分句内括号与句外括号的用法

句内括号只注释句中个别词语，括号必须紧挨着被注释

的词语。如果该词语不处于句子停顿处，则括号后无需点号；如果该词语处于句子停顿处，那么，点号应该放在括号之后。句内括号内的文字末尾不用点号。例如：

> ①汉语辞书正文采用的编排方式，目前比较通行的有部首法、笔画笔形法（简称“笔画法”）、拼音字母顺序法（简称“音序法”）以及分类法。

有时句内括号中用于注释的内容较多，已经用了逗号、分号、句号等，其末尾仍然不用点号。例如：

> ②我家只有一个忙月（我们这里给人做工的分三种：整年给一定人家做工的叫长年；按日给人做工的叫短工；自己也种地，只在过年过节以及收租时候来给一定的人家做工的称忙月），忙不过来，他便对父亲说，可以叫他的儿子闰土来管祭器的。

句内括号中的文字如果表达强烈的感叹、讽刺、疑问、反问等语气或情感，括号内文字的末尾可用叹号或问号。例如：

> ③米海洛夫先生说：“作为遗产往下传的，有经济生产的产品（“经济生产的产品”！！这是多么通达呀！多么响亮呀！多么优雅的语言呀！），而遗产制度本身在一定程度内是为经济竞争的事实所制约的。”

例③的句内括号处于句子停顿处，括号内文字末尾使用了叹号，但并不影响句子的停顿和语气，所以括号外还应该使用点号。

如果括号内注释的内容不是作者原文所具有的，而是引用者加上的，则应注明。例如：

④可叹，如今她（指月牙泉——引者注）却变得这样衰弱可怜，这样奄奄一息，简直成了一只快要哭干的泪眼。

句外括号是对全句或句群进行注释的，其位置在句末点号之后。如果句外括号里的文句较长，末尾应该有句末点号；但如果是简短的插说，也可以不用。例如：

⑤起先，是睡眠抗拒了他。（也罢，这半生，不是处处都遭排拒吗?）尔后，是他在赌气，好，无眠就无眠，长夜独醒，就干脆彻底来为自己验伤，有何不可?

⑥可不可以在武汉、上海市场上标上几个字："此米来自四川，运费很高，要加多少运费，所以价钱贵"?（笑声）

（2）括号内的点号误用

①＊一千二百年过去了，那张长长的榜单上（就是张继挤不进去的那张金榜。）曾经出现过的状元是谁？真正被记得的名字是"落第者张继"。

例①的句内括号中的文字，末尾句号应删去。另外，括号内的文字是对"榜单"的解释，句内括号应紧跟着被解释的词语，所以应将括号移至"上"前。

②＊你要知道（她到底忍不住，一滴眼泪落在

手背，立刻在衫子上擦去了)，我不放心呢！

例②的句外括号应该置于句末点号之后，括号内文字末尾用句号。

(3) 括号缺少或多余

①＊特工通过调查发现，广告是一个叫帝王贸易公司一家假公司的单位刊登的。

②＊伊拉克空军所拥有的七百五十架战斗机虽然大多数已事先避入坚固的掩体而未遭损毁，但在短时期内也很难升空投入对多国部队的作战（后来则干脆成批成批地飞往伊朗以躲避战事）。

例①的“一家假公司”是对前面词语的解释说明，缺少了括号，表意含混不清。例②的括号是多余的，加上括号反而影响了文章的流畅性。

(4) 句内括号位置不当

①＊站在村中心小学那几间破烂不堪的教室前（有两间的墙都倒塌掉一半），给人的感觉好像是这里刚刚被敌机轰炸过似的。

②＊通知上说，明天下午（星期三）在办公室召开全体职工大会。

例①的括号中的文字是解释“教室”的，所以括号应紧跟在被解释的词语“教室”之后。例②的括号中的内容解释“明天”，所以括号应移到“下午”之前。

（十）破折号（——）

破折号是标号的一种，用来标示行文中解释说明的语句，标示语意的转换、跃进，或语音的中断、延长等，其形式是“——”，占两个字的位置。

1．破折号的用法

（1）标示注释

破折号后的文字对破折号前的词语进行解释。例如：

①这时候他的小女儿王仙萍——一个水灵灵的十一岁的少女，端出来一只熊猫罐罐，往炕上一倒，倒出了一大堆钱：有毛毛，有分分，有钢镚儿。

有时在解释语前后都用破折号，作用相当于括号。例如：

②他对自己起下了誓，一年半的工夫，他——祥子——非打成自己的车不可！

（2）标示补充说明或插说

①1992 年 1 月 17 日下午，长达两年零八个月之久的中美知识产权谈判终于有了结果，两位女性——很有意思，美国贸易谈判代表卡拉·希尔斯也是女性，在一份文件上分别签署了自己的名字。

标示插说时，也可以用双破折号。这种用法相当于括号。例如：

②我七八岁时——到底是七岁或八岁，现在记

不清楚了。但都可说，说得小了可说是照外国算法的；说得大了可说是照中国算法的。——入私塾，先读《三字经》，后来又读《千家诗》。

(3) 标示话题的转换

说话的时候，突然想到或看到别的事情，随即将话题由甲事物转到乙事物。转换的新话题与原话题之间用破折号连接，以免引起理解上的阻碍。例如：

①我本来不想去，可是俺婆婆非叫我去看看他——有什么看头啊！

②“还小啊，我都已经——”我突然问她，“你说得上来我今年多大吗?”

(4) 标示声音的延长、停顿或中断

①孩子们看着他，齐声说：“神——经——病——!”他们把每个字都拖得很长，不知是必然的现象还是训练的结果。

②“就是——”她走近两步，放低了声音，极秘密似的切切的说，“一个人死了之后，究竟有没有魂灵的?”

(5) 引起下文或总结上文

①那么，航天人的心里又是怎样一种滋味？还是讲几段有关的小故事吧——

②皮革店出售男女真皮，皮箱店出售各色人革，小食店出售馒头花圈，大饭店出售火爆虾人。——

少笔画比没文化更可怕。

破折号标示引起下文或总结上文时，也可以用冒号，作用相同。破折号还用于篇章末尾表示结束的文字前。例如：

③朱秀帘（王实甫、杨显之、王和卿等黯然望着这剧作家的后影，不觉低低叫出）汉卿！

——幕徐落·剧终

（6）引出歇后语的谜底部分

歇后语是由近似谜面、谜底两部分构成的形象而诙谐的口头用语，常常利用双关的手法，言在此而意在彼。例如：

①姜太公钓鱼——愿者上钩。

②腊月里的萝卜——冻（动）了心。

（7）用于副标题前

“谁也不能否认日本侵略历史”

——访美国二战老兵莫里斯·特曼夫妇

（8）标示分项列举

对比的范围很广泛：

——色相上的冷与暖；

——色度上的鲜与弱、纯与不纯；

…………

（9）用于引文、注释文后，标示出处、作者或注释者

①予独爱莲之出淤泥而不染，濯清涟而不妖；

中通外直，不蔓不枝；香远益清，亭亭净植，可远观而不可亵玩焉。

——周敦颐《爱莲说》

②早春的一天，我到当地（美国某地——编者注）高中的运动场跑步。那天运动场上仅有几个当地居民在锻炼，看台上却坐着不少人。

（10）标示事物之间的某种联系

五月——麦浪。

八月——稻浪。

桃花——南方。

雪花——北方。

2. 运用破折号应注意的问题

（1）破折号与括号用法的区别

破折号与括号都可以标示注释，在用法上有相通之处，有时可以用括号，也可以用破折号。例如：

①可是到了结局——太史公让我们看到的结局，是一幕现实悲剧。扁鹊在秦都咸阳被刺客暗杀了。

破折号与括号在用法上也有区别。破折号标示比较重要的注释，属于正文的一部分，在阅读时应与正文一同读出，一般不能缺少，否则，可能导致语意表达不充分。括号标示附带性的文字，阅读时不必读出，缺少了它，并不影响句子的基本意思。另外，破折号标示注释时还表示短暂的停顿，括号没有这种作用。因此，比较重要的注释，且需要停顿的地方用破折号；不需停顿，且去掉不影响基本表意的注释用括号。例如：

②智力竞争主要表现为对它的重要载体——人才的竞争，这就是引进智力。

③可是得到的答复却令人失望——谁也说不清到底发生了什么事（连美国前国防部长温伯格先生也一样不知所闻）。

例②的破折号标示重要的注释，不能换用括号。例③的破折号后“谁也说不清到底发生了什么事”是对前面内容的注释，要同前文一块读出。括号内是补充说明，不必读出。

（2）破折号与冒号用法的区别

破折号标示注释与冒号提示下文容易相混，此时可以从意义与形式两方面加以区别。从意义上看，破折号注释的内容不是句子的主干，删去后，句子仍然是完整的；冒号表示总说与分说的关系，分说部分不能省去，否则句子就不完整了，或者与原意不符了。从形式上看，冒号的管辖范围可以一直到句末，有时甚至可以大于一个句子；破折号对此没有要求。例如：

①人的心总在远方——财富、权力、名声以及许多，人常常会忘记当下。

②汉语方言共分七个方言区：北方方言，吴方言，湘方言，客家方言，赣方言，粤方言，闽方言（或分为闽南、闽北两个方言区）。

（3）破折号的单用与双用

破折号可以单用，也可以双用。相对而言，双用时在视觉上更醒目一些，一般只用于标示注释性的文字；单用的情况更广泛一些，除了标示注释以外，还可以标示语意的跃进与转换、引起下文、标示分项列举等。在标示注释时，如果不会引起与正文的混淆，则可单用；如果注释的文字可能与正文相混，则要双用。例如：

孙大盛松开了谢兰英的手，笑眯眯地对着我走来。我本来想喊他一声“弼马温”——这是上小学时我亲自给他起的外号——但话到嘴边又咽了下去。

（4）破折号与前后的点号

如果破折号表示对某一个词语的注释，则破折号必须紧跟被注释的词语，破折号前不能有点号。例如：

①从此，兰州太平鼓里就增加了一种新的打法——举鼓。

一般来说，破折号前是不用点号的，因为破折号本身就具有停顿的作用，不用点号不会影响意义的表达与理解。但是，有时为了突出语句之间的间歇，破折号前可以出现点号，既可以是句内点号，也可以是句末点号。这种情况多出现于表示插说、话题转换或总结上文的破折号前。例如：

②清香还在，母亲走了！——窗内窗外，互相辉映的，只有月光，星光，泪光。

破折号之后通常是不加标点符号的，如果破折号在句末表示声音延长，句子是语气强烈的疑问句、感叹句或祈使句，破折号后面就应该用问号或叹号，不然就改变了句子的语气特点。例如：

③“你怎么还没有回去——?”她惊讶地问我。

(5) 标示注释时，破折号前不再使用“是”“即”等词

①*受人之恩，欢喜感激之余，人大都会有回报之心。韩干的回报方式就是——发愤图强。

②*这家茶餐厅是方琼文发现的，当初推荐给蔡澜的理由是——这家的茶点直接从厨房送到餐桌，不像别家那样先从厨房交给传菜员，再由传菜员交给服务员，最后由服务员端上桌。

以上两例中的破折号与“是”作用相同，可将破折号删去。

(十一) 省略号 (……)

省略号是标号的一种，用来标示文中某些内容的省略及语义的断续等，其形式是六个小圆点居行中“……”，占两个字的位置。

1. 省略号的用法

(1) 标明引文中的省略

他忍不住停下手，坐在一个沙丘上，唱起了歌：“在那遥远的地方，有一位好姑娘……”歌声像一枚纸鸢，飘起来，飞了。

(2) 标示说话断断续续

“我……我……不认得字。”阿Q一把抓住了笔，惶恐而且惭愧的说。

(3) 标示列举的省略

①七时整，火箭准时点火。起飞推力高达六百吨的“长二捆”轰然一响，呼啸而起。

一秒，两秒，十秒，十二秒……火箭飞行正常！

②如今地球上除了动物植物微生物，只居住着人这样一种高级动物，他们是东方人和西方人，白种人和黄种人，男人和女人，富裕的人和贫穷的人，聪明的人和愚蠢的人……

(4) 标示余意未尽

①我倚枕百般回肠凝想，忽然一念回转，黯然神伤……

②然而现在呢，只有寂静和空虚依旧，子君却决不再来了，而且永远，永远地！……

(5) 标示沉默或虚缺

①胡儿　我去打兔子来，我听见好些人在说，妈，你今天就要回汉朝去了，是真的吗？

文姬　（迟疑，叹气，揜泪）……

②有少量表示条件、假设关系的关联词语“无论……都”“只有……才”“除非……才”“就是……也”“哪怕……也”等，既可以用在复句的不同分句里，也可以用在单句的句法成分之间。

例①的省略号表示蔡文姬伤心无语，例②的省略号表示两个连词之间虚缺了可能出现的话。

（6）在标示段落或诗行的省略时，应该连用两个省略号（相当于十二连点），同时另起一行，空两个字符

她们都抬起头往高处看了看。

“唉呀！那边过来一只船。”

“唉呀，日本！你看那衣裳！”

…………

后面大船来得飞快。

“往荷花池里摇！那里水浅，大船过不去。”

2．运用省略号应注意的问题

（1）省略号前后点号的用法

省略号前面用不用点号应考虑结构和表意的要求，如果不用点号会影响结构和意思的表达，则要用；还应考虑简洁的要求，可用可不用的，以不用为宜。

如果省略号前面是完整的句子，或者带有疑问、感叹等特殊的语气和感情，则句末的句号、问号、叹号应该保留。例如：

①我这时很兴奋，但不知怎么说才好，只是说：“啊！闰土哥——你来了？……”

②自己想吃人，又怕被别人吃了，都用着疑心极深的眼光，面面相觑。……

如果省略号前面不是一个完整的句子，省略号不但省略

了文字，连文字后面的点号一起省略了，这时省略号之前不用点号。例如：

③有以花为主的，牡丹，玫瑰，银莲花，鸢尾花，郁金香，大丽菊……开的开，谢的谢，斑斓绚丽，一派生机。有以树为主的，高大的椴树，圆锥形的杉树，婆娑如盖的杨树……圆的叶，长的针，蓊蓊郁郁，一片绿色。

省略号之后一般不用点号，只是在一些特殊情况下可用。主要有以下情况：表示特殊格式中的虚缺时，如“如果……，就……”；需要表达强烈语气和感情时，如“他怎么能这样……？”；为了清楚地显示上下文结构关系时，如：

④那些头上有各种旗帜，绣出多样好名称：慈善家，学者，文士，长者，青年，雅人，君子……。头下有多样外套，绣出各式好花样：学问，道德，国粹，民意，逻辑，公义，东方文明……。

(2) 省略号表示余意未尽，如果余意已尽，则不用省略号

①＊搁下饭碗就喝茶的习惯，其实是一个陋习。因为刚吃过饭，胃里装满食物，胃液正在分泌，大量茶水入胃，会冲淡胃液，影响消化……

②＊世界旅游组织的官员宏观立论，通过精确的图表，对亚太旅游发展趋势进行了分析，并预测，到2020年，中国内地将成为第一大旅游目的地，接待游客数量将达1.3亿名。中国也将进入前五大客源国行列，旅游业前景迷人……

以上两例所叙述的内容已经结束，内容也相对完整，所以后面的省略号应改为句号。

(3) 标示段落省略或诗行省略，要用十二连点

下面是误用的例子：

*刹时间天昏地又暗，
爹爹爹爹你死得惨。
……
我定要报这深仇大恨。

上例中省略处应用十二连点。

(4) 省略号与表示列举未尽的“等”“等等”

行文中列举未尽时，往往用助词“等”“等等”表示，其作用相当于省略号。省略号与“等”“等等”不能同时并用。例如：

①*此外，还有许多专家和他们的活动，例如：德国专家汉斯和罗伯特·克里策在山东曲阜啤酒厂和泰安啤酒厂，美国专家霍华德在山东医科大学，德国专家切尔在东北钢琴厂，瑞典专家安德森在大连玻璃制品厂，日本专家森亚雄在吉林市袜厂……等等，等等，都由于各种原因没有写进去或仅有简单几笔，只好留待今后有机会时来弥补遗憾了。

②*今人欲望太多：学历、文凭、官位、职称、名利、声誉……等等。

以上两例中的省略号与“等等”重复，应选用一种。

表示列举未尽时，省略号与“等”“等等”都可以互换，

但是“等”“等等”作修饰语或表示列举已尽时，都不能换成省略号。下面例子中的“等”就不能换成省略号：

③中国有长江、黄河、黑龙江、珠江等四大河流。

书刊目录的标题与页码之间常用的一长串小连点（……………………）叫“连珠号”，不是省略号。

词典、字典或科技文献中也有用三连点表示省略的。例如：

④音译的外来语一般附注外文，如：【沙发】…［英 sofa］；【蒙太奇】…［法 montage］。“英、法”等字，表示语别。

（十二）着重号（.）

着重号是标号的一种，用来标示文中某些重要的或需要指明的字、词、句，其形式是“.”，标注在相应文字下方。

1. 着重号的用法

（1）标示需要读者特别注意的字、词、句

①法军其时已完全陷入绝望的重围中，英军向被围的法军发出了“勇敢的法国人，投降吧！”的呼喊，而法国将军康白鸾却在这千钧一发的时刻，向英国人喊出了法国人极端鄙视对方时所用的字眼。——小说写这一瞬间：

"康白鸾答道：屎！"

屎这个字，本来并没有什么特殊的含义，但是此时此刻，这个习惯语却表达出一种民族自尊感。

过去也有将小圆圈、三角号、浪线、直线等形式作为着重号使用的，强调字、词、句有不同的作用或性质时，就用不同形式的符号标示。例如：

②千万条腿来千万只眼，
也不够我走来也不够我看！

新国标规定，着重号为小圆点，不再采用其他形式。如果为了强调引文而加上着重号，应在括号里注明是引用时加的，以免读者误认为是原文所有。例如：

③黛玉比谁都焦急，这时"先念了一声佛"——大约是感谢如来佛救了她心上的人，……（引文中的着重号是引用者加的。）

（2）标示需要指明的文字

广州话现在说"打球"，从前叫"打波"（现在也还有叫打波的），这个"波"字就是从英语 ball 音译借用的。

2. 着重号与引号的区别

引号与着重号都可以标示对词语的强调，但引号只适用于标示着重论述的对象，要强调的只是个别字词，而着重号标明的字、词、句本身就是论述的一部分；如果强调的内容较多，宜用着重号。例如：

①然而，时代是20世纪而又末了，我们的“末代皇帝”“逊位”也已近九十年了，而且“龙御上宾”久矣。按照常理，即使百岁老人，对于“皇上”也只有朦胧的梦一样的影子吧！

②我想：希望是本无所谓有，无所谓无的。这也正如地上的路；其实地上本没有路，走的人多了，也便成了路。

（十三）连接号（一）

连接号是标号的一种，用来标示某些相关联成分之间的连接。新国标取消了连接号中原有的二字线，将连接号的形式规范为三种：短横线“-”，也叫半字线，占半个字的位置；一字线“—”，占一个字的位置；浪纹线“～”，占一个字的位置。同时，新国标也进一步明确了每种连接号的使用范围。

1. 连接号的用法

（1）“一字线”标示时间、地点的起止或各项之间的递进式发展

①王勃（650—676），字子安，绛州龙门（今山西省稷山县）人，隋代经学家王通之孙，唐初诗人王绩之侄孙。

②抗战时，清华南迁。学校从长沙迁往昆明的

时候，穆旦参加的是步行团（美其名曰“湘黔滇旅行团”）。步行团的行进路线为长沙—益阳—常德—芷江—新晃—贵阳—永宁—平彝—昆明。

③这些花朵般美丽的蝴蝶，其生长经历了卵期（胚胎时期）—幼虫期（生长时期）—蛹期（转变时期）—成虫期（有性时期）四个阶段。

一字线还可以将相关的词语连接起来，构成一个整体。例如：

④作者将反义词聚分为：极性对立的（如长—短 大—小），互补对立的（如真—假 死—活）。

（2）半字线主要用于产品型号、化合物名称、代码及门牌号码、电话号码、用阿拉伯数字表示的年月日之间的连接

① GB/T 15834—2011

标点符号用法

2011-12-30 发布 2012-06-01 实施

②他告诉我说，他家住紫薇路 5 号院 8-6-3 号。

还可以在复合词中起连接作用，标示汉语拼音、外来语内部的分合，如“舌尖-齿龈辅音”“物理-化学反应”“zh-u-ānɡ→zhuānɡ（庄）”“让-雅克·卢梭（法国哲学家）”等。

（3）浪纹线标示数值范围的起止

①武汉市人社局调查统计测算，今年武汉企业缺工 9 万～11 万人，比去年增加 1 万～2 万人。

②保健处方　早晚用手指或牙刷按摩牙槽 2～3 分钟，每日叩齿 30～50 下。

2. 连接号与破折号的区别

从作用上看，连接号标示某些相关联成分之间的连接；破折号标示文中注释的语句。从形式上看，连接号有多种形式，占一个字或半个字的位置；破折号只有一种形式，占两个字的位置。从读法上看，连接号在表示时间、地点的起止时，可读作“至”或“到”，表型号时常读作“杠”（gàng）；破折号表示一定的停顿，不必读出声来。

（十四）间隔号（·）

间隔号是标号的一种，用来标示某些相关联成分之间的分界，其形式是一个小圆点“·”，用在被隔开的词语中间，上下居中，占半个字的位置，不能出现在一行之首。

1. 间隔号的用法

（1）标示外国人名或少数民族人名内部各部分的分界

①列夫·托尔斯泰

②爱新觉罗·溥仪

（2）标示书名与篇章、卷名之间的分界

①《资治通鉴·赤壁之战》

②《中国少儿百科全书·语言文字》

（3）标示诗体、词牌、曲牌与题名之间的分界

①《五律·登岳阳楼》（杜甫）

②《菩萨蛮·书江西造口壁》（辛弃疾）

（4）标示朝代与人名之间的分界

①唐·李白

②宋·苏轼

（5）标示月份与日期之间的分界

新国标《标点符号用法》规定以月、日为标志的事件或节日，如果用汉字数字表示，则在涉及一月、十一月和十二月时，月日之间用间隔号，避免产生歧义。其他月份不用。例如：

①“一二·九”运动

②外交部发言人就“九一八”事变70周年发表谈话。

但是，在实际运用中，也有月、日之间不加区分地都用间隔号的语例。例如：

③“四·一二”反革命政变后，广州也发生了“四·一五”反革命事件，白色恐怖笼罩着全城。

④日本侵略者每发动一次侵略战争行动，都对外美化宣称“事变”，诸如“一·二八事变”“华北事变”“七七事变”“八·一三事变”等。

以上几例中的“四·一二”“四·一五”“八·一三事变”在月、日之间都用了间隔号。

如果用阿拉伯数字表示事件或节日，月、日之间都用间隔号，间隔号用半角字符。例如：

⑤“5·12”汶川大地震

⑥“3·15”晚会

(6) 标示并列词语之间的分界。一般用于文章标题或栏目名称、单位名称中

①《狗·猫·鼠》(鲁迅《朝花夕拾》)

②生活·读书·新知三联书店

2. 间隔号与顿号的区别

间隔号与顿号用法不同。二者都可以出现于标题的并列词语之间，标题中用了间隔号，表示它是由几个并列成分构成的整体，不仅仅是几个成分的单纯并列；如果是几个成分的简单并列，则宜用顿号。顿号的使用范围比间隔号大。

(十五) 书名号(《 》)

书名号是标号的一种，用来标示语段中各种作品的名称，有双书名号“《 》”和单书名号“〈 〉”两种形式。一般情况下用双书名号。如果书名号内还需要用书名号，则外面用双书名号，里面用单书名号。

1. 书名号的用法

(1) 标示书名、卷名、篇名、报刊名、文件名等。采用文字、声音、图像等形式表现的电视、电影、音乐、雕塑等作品的名称，也用书名号标示

①在余秋雨新近出版的两个集子——《文化苦旅》和《文明的碎片》里，他以浓墨重彩讲述着一

个又一个关于文化与文明的故事。

②1982年，经第五届全国人民代表大会第五次会议通过，《义勇军进行曲》正式作为中华人民共和国的国歌。

为了避免与普通名词相混，电视节目、栏目的名称也应使用书名号。例如：

③在新世纪第一个国庆节到来之际，央视招牌栏目《东方时空》将推出特别节目。《百姓故事》《东方之子》《直通现场》三大版块将有多个系列节目粉墨登场。

如果以报刊名指代出版单位，在不会产生混淆的情况下，可以不加书名号。例如：

④20日上午，最高人民法院联合人民日报、中央电视台、中央人民广播电台、法制日报等4家媒体和新浪网、腾讯网、百度网等12家网站，正式启动“谁是最美基层法官”活动。

作品、文件等的简称也可以用书名号，如《说文》（《说文解字》）、《三国》（《三国演义》）、《梁祝》（《梁山伯与祝英台》）等。固定语境中临时使用的简称，可以在第一次出现时用括号标示出来，如“《网络交易管理办法》（以下简称《办法》）”。

（2）书名与篇名，或词牌名与词名同时出现时只用一个书名号，中间用间隔号隔开

①司马迁《史记·廉颇蔺相如列传》

②苏轼《水调歌头·明月几时有》

（3）书名号里面还需要用书名号时，外面用双书名号，里面用单书名号

①鲁迅《〈二心集〉序言》

②张光年《骈体语译〈文心雕龙〉》

（4）书名号后面表示该作品类别、版本的说明（如书籍的“修订版”“重排本”、刊物的“合订本”、报纸的“海外版”等）不属于书报名本身，应放在书名号之外

①我上回寄过那幅《归去来辞》（复印件）给你吧？

②《读者》（合订本）

③《现代汉语词典》（修订本）

（5）书名、篇名末尾如果有问号、叹号或省略号，应放在书名号之内

①《“0”有多大？》（外一篇）

②《哦……》

（6）书名号的另一种形式为浪线“﹏﹏”，用于古籍或某些文史著作中，与专名号配合使用。文字横排时标在书名下面，竖排时标在书名左面

“哩”字在<u>元</u>代也已经普遍的应用了。“哩”字大概产生于十三世纪左右。正字通说：“哩，音里，<u>元</u>人词曲借为助语。”

2．书名号的误用

（1）在“题为……”“以……为题”等格式中书名号与引号的区分

在“题为……”“以……为题”等格式中，如果所说的“题”是诗文、图书、报告或者其他可以作为书名、篇名看待的作品时，应该用书名号；如果是写作、科研、辩论、谈话等内容，应该用引号。例如：

①韩干一举成名，除《牧马图》《洗马图》《玉花骢图》等以马为主题的作品之外，他还画了《龙朔功臣图》《姚宋及安禄山图》《李白封官图》《五王出游图》等以权贵人物为创作对象的作品，可见当时朝野上下对他的推崇。

②今天请各位以“四季”为题，各作四句诗，看谁能拔得头筹。

（2）混淆了书名号与引号的用法

书名号标示书名、篇名、报刊名、歌曲及戏剧名等，引号标示活动、课程、展览会、研讨会、竞赛、奖品等名称。以下两例中的书名号都应改为引号：

①＊这学期，我们开设了《现代汉语》《英语会话》《写作》等多种课程。

②＊我校每年都要举行全校《元旦越野赛》活动。

下面引号标示的“中国改革报”“合同法”“十二把镰刀”

分别是报刊名、文件名、剧目名，应将引号改为书名号。

③＊据“中国改革报”9月18日报道，近年来，地铁成了国内大中城市投资热点，不少城市筹建地铁的热情高涨。

④＊“合同法”第三百七十五条特别规定：“寄存人寄存货币、有价证券或者其他贵重物品的，应当向保管人声明，由保管人验收或者封存。”

⑤＊剧团上演的反映大生产运动的优秀剧目“十二把镰刀”，使观众的情绪达到了高潮。

（十六）专名号（____）

专名号是标号的一种，用来标示人名、地名、国名、朝代名、相关团体名、山川河流名等，其形式是一条直线，标注在相应文字的下方。专名号的长短与所标示的专名长短相一致。在现代白话文中，一般不用专名号，在古籍和某些文史著作中较常使用。例如：

①公元前689年（周庄王八年）冬天，齐襄公约会了宋、鲁、陈、蔡四国的诸侯，浩浩荡荡地向卫国打了过去。

使用专名号要注意专名与普通名词的区分。如果专名与表示称谓、职务等的普通名词一起使用时，普通名词不用专名号，如“李教授”“周营长”。朝代名中的“朝”“代”和表示朝代某一时期的“初”“末”“中”等字不加专名号，只在具体的朝代名称上加专名号，如“清朝”“明代”“初唐”“元末”。地名与表示行政区域的普通名词“省”“市”“区”等连用时，普通名词不加专名号，如“青海省”“西安市”“新城区”等。

如果几个相连的成分都需要加专名号，这几个专名号不能连在一起。电脑输入时，可将几个成分用空格隔开，再加专名号。例如：

②范成大（1126—1193）字致能，号石湖居士，吴县（今江苏 苏州市）人。进士出身，曾充赴金使节。

如果需要加专名号的几个并列成分之间有顿号时，这几个专名号也要分别标出，不能连在一起。例如：

③现在河北、河南、山东、山西境内就有好些方言不说我们、你们、偺们而说俺（an，ŋan，nan）、您（大多数音 nen）、偺（tsan）：这可以说是完全继续元代的传统。

（十七）分隔号（/）

分隔号是标号的一种，用来标示诗行、节拍及某些相关文字的分隔，其形式是“/”，用在需要分隔开的文字之间，占半个字的位置。分隔号的用法如下：

（1）隔开诗行

将分行的诗改写为不分行时，每句诗之间可用分隔号隔开，如“床前明月光/疑是地上霜/举头望明月/低头思故乡。”

（2）标示诗文中的音节节拍

这种用法可以用分隔号将诗文的节奏特点体现出来，如“打开/你们的/窗子吧！打开/你们的/板门吧！”

（3）隔开文章题目与作者，或隔开作者的住地与姓名等

①海明威之死 / 则夫

②如果遭遇突然事件 广州/黄彪

（4）隔开供选择或可转换的两项，表示“或”

①无论/不论/不管谁都应该尊老爱幼。

②西安外国语学院旅游系招生

英汉/汉英翻译提高班

（5）隔开组成一对的两项，表示“和”

申雪/赵宏博、庞清/佟健、张丹/张昊这3对组合曾经是中国花样滑冰双人滑的“标志”，他们为中国队获得过多个世界冠军，他们的出色表现也曾让中国双人滑的水平跻身世界前列。

新国标规定分隔号的形式为斜线号“/”。实际上，分隔号在应用中还有一些其他形式，如“|”“‖”“//”等，可以看作是分隔号在特殊领域的用法。

参考文献

丁声树，1961. 现代汉语语法讲话[M]. 北京：商务印书馆.

范继淹，1983. 谈谈语法研究[J]. 汉语学习(1)：1-4.

范开泰，1993. 语法分析三个平面[J]. 语言教学与研究(3)：37-52.

范晓，1996. 三个平面的语法观[M]. 北京：北京语言文化大学出版社.

范晓，1998. 汉语的句子类型[M]. 太原：书海出版社.

龚千炎，1991. 谈现代汉语的时制表示和时态表达系统[J]. 中国语文(4)：251-261.

胡裕树，1987. 现代汉语(增订本)[M]. 4版. 上海：上海教育出版社.

胡裕树，范晓，1985. 试论语法研究的三个平面[J]. 新疆师范大学学报(哲学社会科学版)(2)：7-15.

华萍，1991. 现代汉语语法问题的两个“三角”的研究：1980年以来中国大陆现代汉语语法研究的发展[J]. 语言教学与研究(3)：21-37.

黄伯荣，1954. 关于划分词类问题的考察[J]. 中国语文(10)：27.

兰宾汉，1988. 副词“都”的语义及其对后面动词的限制作用[J]. 语言教学与研究(2)：46-51.

兰宾汉，2002. 汉语语法分析的理论与实践[M]. 北京：中国社会科学出版社.

兰宾汉，2006. 标点符号运用艺术[M]. 北京：中华书局.

兰宾汉，邢向东，2014. 现代汉语[M]. 3版. 北京：中华书局.

兰宾汉，2015. 标点符号用法手册[M]. 北京：商务印书馆国际有限公司.

林穗芳，1997. 汉语“标点”的词源和历史演变[J]. 编辑学刊(4)：21-27，44.

陆俭明，1991. 80年代现代汉语语法研究理论上的建树[J]. 世界汉语教学(4)：193-203.

陆俭明，1993. 汉语句子的特点[J]. 汉语学习(1)：1-6.

陆俭明，1994. 关于词的兼类问题[J]. 中国语文(1)：28-34.

吕叔湘，1979. 汉语语法分析问题[M]. 北京：商务印书馆.

马庆株，1992. 汉语动词和动词性结构[M]. 北京：北京语言学院出版社.

蒲喜明，1995. 简论“无标点语句”存在的价值及其运用艺术[J]. 陕西师大学报(哲学社会科学版)，(2)：157-160.

邵敬敏，1990. 汉语语法学史稿[M]. 上海：上海教育出版社.

邵敬敏，2000. 汉语语法的立体研究[M]. 北京：商务印书馆.

沈开木，1996. 论“语义指向”[J]. 华南师范大学学报(社会科学版)，(1)：67-74，66.

《世界汉语教学》杂志编辑部，《语言教学与研究》杂志编辑部，1992. 80年代与90年代中国现代汉语语法研究[M]. 北京：北京语言学院出版社.

吴竞存，侯学超，1982. 现代汉语句法分析[M]. 北京：北京大学出版社.

袁晖，管锡华，岳方遂，2002. 汉语标点符号流变史[M]. 武汉：湖北教育出版社.

赵元任，1979. 汉语口语语法[M]. 吕叔湘，译. 北京：商务印书馆.

朱德熙，1980. 汉语句法里的歧义现象[J]. 中国语文(2)：81.

朱德熙，1982. 语法讲义[M]. 北京：商务印书馆.

朱德熙，1985. 语法答问[M]. 北京：商务印书馆.